프로이트의 의자

숨겨진 나와 마주하는 정신분석 이야기

프로이트의 의자

정신분석가
정도언 지음

지와인

· 개정판 저자 서문 ·

'첫 책'을 쓴다는 것은 '첫 아이'를 낳는 것과 같습니다. 《프로이트의 의자》는 대중을 위해 쓴 저의 첫 책이었습니다. 글로 만든 첫 아이가 태어나자 독자 여러분의 과분한 사랑을 받았습니다. 이제 세번째 옷을 갈아 입혀 문 밖에 내놓습니다.

도대체 어떤 마음으로 제가 이 책을 썼을까요? 기억을 더듬어보니 제가 오랫동안 공부해온 정신분석을 좀 더 쉬운 방법으로 풀어 설명하고 싶었던 것 같습니다. 정신분석은 때로는 과도하게 이상화되고 때로는 억울하게 비판받는 학문이지요. 절대 쉬운 학문은 아니지만, 이토록 오래 공부하고 있으니 어려운 것을 좀 쉽게 풀어 제대로 설명할 수 있지 않을까. 이런 마음이었습니다.

글쓰기가 중요하다고 생각했지만 글, 특히 전공분야 밖의 독자들을 위한 글을 많이 써본 건 아니었습니다. 중학생 때는 미술반이었고, 고등학생 때는 합창반이었습니다. 주변에서 글로 이름을 날리는 친구들을 부러워한 적도 있었습니다. 그러다가 대학 입시를 위해 문과와 이과를 나누는 과정에서 영문학과와 의학과 사이에서 잠시 헤맨

적도 있었습니다. 그 갈등을 타협한 결과가 정신과 의사와 정신분석가라는 선택이었을 것 같습니다.

그러던 제가 고민하며 써낸 이 책이 여러분이 꾸준히 여러 해를 넘겨 찾아주시는 책이 되어서 저도 매우 놀랐습니다. 기쁘기만 했던 것은 아닙니다. 책을 읽고 직접 또는 간접으로 주신 의견을 듣고 정신이 번쩍 나기도 했습니다. '너무 쉽게 썼다'는 비판은 오히려 격려가 되었습니다. 사실 어려운 것을 더 어렵게 쓰기는 쉽습니다. 그러면 책에 뭔가 대단한 것이 있어 보이기도 하지만 정작 남는 것은 없을 때가 많습니다. 제가 배우거나 만나본, 100여 명에 가까운 세계 각국의 저명 정신분석가들은 모두 쉽게 말하고 명쾌하게 쓰려고 노력하며 모르는 것을 아는 척 하지 않는 겸손한 분들이었습니다.

이 책을 이토록 많은 분이 이렇게 오래 읽어주신 이유를 생각해봅니다. 바쁘게 돌아가는 현대사회의 일상에서 보이지 않는 마음의 움직임을 읽어내려고 나름대로 노력하는 분이 많은 것 같습니다. 우리가 살면서 겪는 어려움은 일방적인 지시, 조언, '힐링 전략'이나 동정, 공감만 가지고 근본적으로 해결되지 않습니다. 쉽게 먹을 수 있는 음식들이 주변에 많지만, 건강을 지키려면 잘 다듬고 우려내고 숙성시킨 음식들이 필요한 것과 같습니다. 무의식과 갈등이 지배하는 마음의 세계를 잘 다루기 위해서는 세월의 흐름 속에서 우려내고, 숙성시키고, 다듬어내는 근본적인 접근법이 필요합니다. 그 접근법의 대표주자가 정신분석이라고 생각합니다. 제가 정신분석가로 인증받는 데도 10여 년의 세월이 필요했습니다. 그리고 지금도 '교육 및 지도 분석가'로서 공부를 멈추지 않고 있습니다.

그동안 보여주신 독자들의 관심에 보답하는 길이 무엇일까 생각해 봅니다. 아마도 공부를 계속해 꾸준히 저작을 내놓는 일이 아닐까 합니다. 그동안 감사했습니다. 앞으로도 잘 부탁드립니다.

2020년 봄
정도언 드림

차례

두 번째 이야기

무의식의 상처 이해하기 — 86

•

'정상적 인간'이란 사실 평균적인 의미에서 정상일 뿐이다.
그의 자아는 여기저기에서
크게 또는 작게 정신병자의 자아와 비슷하다.

— 지크문트 프로이트

· 들어가기 ·

내 마음의 온도 느끼기

나는 의사입니다. 의사 중에서도 그리고 정신과 전문의입니다. 정신과 전문의이면서 정신분석가입니다. 정신분석가 중에서 소위 프로이트 학파Freudian입니다. 프로이트 학파 분석가란 오스트리아 출신 의사인 지크문트 프로이트Sigmund Freud가 만들어낸 정신분석학을 바탕으로 생각하고 실행하는 정신분석가라는 뜻입니다.

흔히들 정신과 전문의라고 하면 인간의 마음을 속속들이 들여다보고 쉽게 이해할 수 있는 능력을 갖추고 있을 거라고 생각합니다. 마치 내가 자기 마음을 들여다볼 것 같아 긴장하는 순진한 친구들도 있었습니다. 사실 그렇지 않습니다. 상대방이 말하지 않는 것을 나는 절대로 알아낼 수 없습니다. 그저 표정이나 행동을 통해 심리 상태를 약간 알 수 있을 뿐입니다.

왜 나는 정신분석가가 되려고 했을까? 스스로에게 질문을 던져봅니다. 사실 쉬운 길은 아니었습니다. 어느 날 내가 나를 살펴보니 명

색이 전문의인데, 전공의들을 교육하고 환자를 보는 일에 어느새 밑천이 떨어졌다는 것을 몸으로 마음으로 느끼게 되었습니다. 그래서 고심 끝에 미국 샌디에이고San Diego에 있는 정신분석연구소로 공부를 하러 떠났습니다.

정신분석연구소의 학생이 되기 위해서는 꽤 엄격한 절차를 거쳐야 합니다. 우선 좋은 추천서가 필요하고, 이력서와 그때까지 직접 치료한 임상 사례 등 서류를 제출합니다. 지금은 돌아가신, 미국 뉴욕 시 마운트 시나이 의과대학 에드워드 조셉Edward Joseph 교수께서 분에 넘치는 추천서를 써주셔서 나는 적지 않은 나이에 샌디에이고 정신분석연구소의 학생이 되었습니다.

지금도 가끔 그때의 풍경이 떠오릅니다. 태평양이 내려다보이는 그 언덕길. 연구실에서 틈을 내서 가는 길이니 서둘러야 했습니다. 급히 차를 몰고 언덕길을 내려가노라면 그 아래 태평양이 출렁이며 내게 다가옵니다. 저 멀리 아주 먼 건너편에는 내가 떠나 온 대한민국이 있을 것입니다. 그런데 참 이상합니다. 미국 바다에서는 한국 바다 냄새가 나지 않습니다. 갑자기 나는 내가 아닌 것 같은 기분이 들었습니다.

◆ ◆ ◆

미국 동부 뉴욕 시의 정신분석가는 정장 차림을 고집하는데, 서부 캘리포니아 주 라 호야La Jolla의 분석가는 피크닉이라도 갈 것 같은 간소한 옷차림으로 나를 맞아들입니다. 카우치couch(정신분석용 긴 의자)에 눕자 천장이 보입니다. 방의 한 쪽 구석에는 스탠드 조명이 놓여 있고 천장에 전등은 없습니다. 누운 사람이 눈부시지 않도록 하는 배려입니다. 어제는 카우치가 차게 느껴졌는데, 오늘 의자에 누우니 사람의 체온이 나에게 전해집니다. 바로 전 시간에 분석을 받았던 사람이 있었나 봅니다. 오늘은 무슨 말을 할까 머리를 굴립니다. 분석 비용 대비 시간의 효율성을 고려해 말을 많이 해야겠다고 생각을 다잡습니다. 그런데 이런 생각을 입 밖에 꺼내도 될지 모르겠습니다. 이 말을 하면 내 분석가가 나를 어떻게 생각할지 모르겠습니다. 이상한 사람으로 여기지 않을까 걱정이 됩니다.

정신분석연구소의 내 동급생은 모두 세 명이었습니다. 저명한 프로이트를 성이 아닌 이름, 그것도 애칭으로 너무 친근하게 불러 나를 당황하게 하는 곱슬머리 남자, 나보다 더 엄숙해 보이는 마른 남자, 그리고 통통한 몸매에 마음 좋게 생기고 친절한 여자, 그들입니다. 동급생 모두가 늘 자기가 마실 음료수만 자판기에서 쏙 빼오곤 했습니다. 한국하고 달리 동급생 사이의 분위기가 정말 썰렁했지요. 자기 내면의 분석에만 사로잡혀 다른 사람들과의 관계에는 별로 관심이 없어서 그런 게 아닐까 하고 이해했습니다.

수업은 완전 미국식 세미나입니다. 한국에서처럼 선생님이 학생에게 요약해 설명해주고 밑줄 긋는 곳까지 안내해주는 친절한 강의를 기대하고 가면 죽음입니다. 알고 말하는 건지 아닌지 모르겠지만 미국 학생들은 정말 말을 잘 합니다. 읽어야 할 과제물이 많아 미국에 있는 동안에 속독법 클래스도 두 번이나 들었습니다. 이렇게 시작한 정신분석 공부가 올해로 30여 년이나 계속되고 있습니다.

정신분석가는 마음의 탐색자입니다. 오늘도 나는 분석 받는 사람의 마음을 따라갑니다. 그러면서 내 마음의 흐름에도 주의를 기울입니다. 한걸음 또 한걸음 마음의 발자취를 따라 천천히 함께 걸으면서 오로지 그와 나의 마음의 움직임에만 정신을 집중합니다.

탐색자는 사냥꾼이 아닙니다. 정신분석가는 피분석자(내담자)의 엉클어진 마음을 관찰하다가 그가 스스로 엉킨 곳을 풀게 도와준 후에 자유롭게 가버리도록 놓아줍니다. 마음속 얽힌 응어리를 풀어내는 일은 간단치 않습니다. 마치 눈이 어두운 할머니가 넘겨주신 실뭉치 같습니다. 조급하게 실을 당기면 더 얽혀버리기 때문에 힘들고 시간이 걸리더라도 실의 끝을 찾아야 합니다. 실의 끝은 아주 작고 가는데다가 뭉치에 파묻혀 보이지 않습니다. 마찬가지로 마음속 갈등의 뿌리도 무의식에 묻혀 좀처럼 보이지 않습니다. 마음속에 실뭉치 같은 응어리가 풀리는 순간 우리는 자유로워집니다.

정신분석은 일주일에 최소 4회, 한 번에 45분 이상, 여러 해를 해야 하는 매우 길고 집중적인 과정입니다. 이런 과정을 거쳐야 하는 이유는 우리 마음에 변하고자 하는 마음과 그러고 싶지 않은 마음이 항상 같이 살고 있기 때문입니다. 이 두 마음은 소싸움에서 힘이 비슷한 두 마리 소가 머리를 맞대고 겨루면서 부딪치는 것같이 아무 데도 가지 못하고 제자리를 맴돌면서 피를 흘립니다.

누구나 "나는 변하고 싶다"고 합니다. 그러나 사람이 변하기는 쉽지 않습니다. 변하려면 우선 자신의 마음을 알아야 하는데, 내 마음이지만 내가 알기 어렵습니다. 다른 사람의 마음을 알기는 더욱 어렵습니다. 사람과 사람의 관계가 얽히는 것은 한 사람의 마음도 충분히 복잡한데 두 사람이 관계하면 복잡성이 크게 늘어나기 때문입니다. 우리 마음은 이 시간에도 살아 움직이고 있으며, 우리는 그 마음을 쫓기에 바쁩니다. 여러분은 자신의 마음을 아시는지.

첫 번째 이야기

숨겨진 나를 들여다보기

내 마음은 어떻게 생겼을까
어떤 욕망이 우리를 움직일까
누구에게나 마음의 경호실이 있다
마음에는 여러 가지 색이 있다

•

내 마음은 오늘도 전쟁터 같다.
복잡한 감정들이 이곳저곳에서 공격해온다.
나의 마음은 도대체 몇 개일까?
어떤 모양일까? 어떤 색일까?

프로이트의 소파에 나를 눕힙니다. 정확하게 말하면 카우치입니다. 카우치는 소파와 비슷하지만 머리 쪽이 경사지게 올라가 있어 누우면 아주 편안합니다. 금방이라도 잠이 올 것 같은 느낌입니다. 분석가는 내 머리 쪽 가까이에 놓인 의자에 앉아서 내 이야기를 듣습니다. 그의 숨소리가 들릴 정도입니다.

나는 이야기를 시작합니다. 무슨 이야기를 해야 할지 여기 오기 전에 고민을 했습니다. 늘 계획대로 되는 것은 아닙니다. 거의 그렇게 안 됩니다. 예습이 별로 효과가 없다는 말입니다. 결국은 카우치에 누운 이 시점에 내 마음에 떠오르는 이야기를 하게 됩니다. 분석가와 나 사이에는 자유연상free association을 하기로 약속이 되어 있습니다. 자유연상이란 마음에 떠오르는 생각을 가리지 말고 그대로 말한다는 뜻입니다. '쓸 것은 쓰고 버릴 것은 버리는 일'은 정신분석 시간에 해서는 안 되는 일입니다. 어느 것이 쓸 것이고 어느 것이 버릴 것인지를 알 수 없기 때문입니다. 그래야 내 마음에서 무슨 일이 일어나고 있는지에 대해 분석가가 이해한 그대로를 나에게 해석해줄 수 있습니다.

물론 남에게 내 이야기를 다 털어놓기는 쉽지 않습니다. 말을 꺼내기가 쉽지 않은 이유는 말하기 거북한 이야기를 내가 숨기려 하기 때문입니다. 살아오면서 누구에게도 하지 않았던 말을 선뜻 꺼내놓기는 어렵습니다. 그것을 머리에 떠올리는 게 수치스럽고, 그 말을 들은 분석가가 어떻게 생각할지도 걱정됩니다. 그래서 분석을 받는 매 시간, 이 말을 할까 말까 나는 또 다른 나와 줄다리기를 합니다. 그렇게 어렵게 마음의 저항을 뚫고 나오는 말은 분석의 먹을거리이고 영양분입니다. 분석은 나의 이야기를 먹고 자랍니다.

그래서 정신분석은 소위 상담이라고 하는 것과는 전혀 다른 작업입니다. 내가 내 생각을 말하면 분석가는 언어로 표현한 텍스트를 해석해서 그 의미를 파악하고 나에게 돌려주거나 스스로 의미를 알아차리도록 도와줍니다.

분석가와 나는 할 말 안 할 말을 다 들려줬던 사이지만 공공장소에서 만나더라도 서로 아는 척을 안 합니다. 기껏해야 가벼운 목례 정도입니다. 또한 분석가 개인에 대해 많이 알면 알수록 나에게 손해입니다. 분석가의 성격, 취향, 종교적 신념, 정치적 성향을 알면 알수록 그에 거슬리는 이야기를 쉽게 할 수 없습니다. 분석가와 관련된 것들을 피해나가다가 다른 할 말도 못하게 됩니다. 그러면 분석 시간이 건조해집니다.

인간은 매우 합리적인 존재이며 인간이 생각하고 느끼고 판단하는 모든 것은 차가운 이성에 뿌리를 둔다고 말하는 사람들이 아직도 있습니다. 그러려고 노력은 하지만 인간은 합리적 존재가 아닙니다. 인간은 결국 감성적인 동물입니다.

자신이 이성적이라고 믿는 사람일수록 마음속에 문제가 많습니다. 마음도 몸처럼 치료가 필요합니다. 치료를 하기 위해서는 어떻게 아픈지를 잘 들여다봐야 합니다. 정신분석이란 바로 그 마음을 확대해서 안을 들여다볼 수 있는 귀한 렌즈입니다.

chapter 1

내 마음은 어떻게 생겼을까

마음은 빙산과 같다.
커다란 얼음덩어리의 일부만이 물 위로 노출된 채 떠다닌다.

— 지크문트 프로이트

흔히 어른이 되면 자기 마음을 쉽게 다스리고 마음이 일으킨 결과에 제대로 책임을 질 수 있을 거라고 생각합니다. 그런데 막상 어른이 되어도 그렇지 않습니다. 내 마음은 내가 다스려야지 쓸데없이 남의 영향을 받으면 안 된다고 생각하지만 쉽지 않습니다. 그러니 내가 정신을 차리고 스스로 내 마음의 키잡이가 되어야 합니다. 남이 내 마음을 멋대로 움직이게 내버려두다가 상처를 받게 된다면 할 짓이 아닙니다. 어리석은 일입니다. 하지만 마음을 다잡아도 마음을 편안하게 잘 다스리기는 어렵습니다. 내 마음은 나도 모르게 흘러갑니다. 이유가 무엇일까요? 마음속 깊이 자리 잡은 무의식이 의식을 지배하기 때문입니다. 그렇다면 어떻게 내 마음을 들여다볼 수 있을까요?

마음의 깊은 속을 들여다볼 수 있는 방법이 정신분석입니다. 정신분석학은 지크문트 프로이트 박사가 만들어 낸 학문이자 방법입니다. 프로이트는 오스트리아 제국의 모라비아에서 1856년 5월 6일에 태어났습니다. 부모는 모두 유대인으로 아버지 야콥Jakob은 41세, 어머니 아말리에Amalie는 21세였습니다. 여덟 형제의 장남인 프로이트는 총명했습니다. 온 집안이 그가 좋은 교육을 받을 수 있도록 도왔습니다. 생활이 어려워지자 프로이트 가족은 오스트리아의 빈으로 이주했습니다. 프로이트는 명문 고등학교를 우수한 성적으로 졸업하고 빈 대학교 의과대학에 진학했습니다.

프로이트는 1881년 빈 대학교 의과대학을 졸업합니다. 대학에 남아 교수가 되고 싶었지만 여건이 허락하지 않아 신경정신과 (그 당시는 정신과와 신경과가 합쳐진 형태였습니다) 의사가 됩니다. 그 시기에 그는 히스테리 환자가 몸이 마비되는 증상을 설명할 수 없어 좌절에 빠졌습니다. 그래서 1885년 파리로 가 유럽에서 가장 저명한 신경과 의사였던 장 마르탱 샤르코Jean Martin Charcot에게 최면술을 배웠습니다. 다시 빈으로 돌아온 프로이트는 최면술을 환자에게 써봤으나 별 소용이 없었습니다. 그는 다른 방법을 찾으며 고심하다가, 환자 자신이 고통

받는 이유를 자유롭게 말하도록 시켜봤습니다. 그리고 이 방법이 환자의 증상과 병을 이해하는 데 도움이 된다는 것을 발견하였습니다.

평소에 환자가 억누르고 있던 것이 환자 마음의 깊은 곳에서 터져 나와 말로 표현되면서 증상이 없어진 것입니다. 마치 댐에 갇혀 있던 물이 수문이 열리며 쏟아져 나온 것과 같습니다. 예를 들어 환자 마음 속의 '성적 욕구'가 문을 열고 나오려는 것을 억지로 막고 있다가 병이 되었는데, 그것을 풀어두게 된 것입니다.

'억누르고 있다.' 즉 '억압'하고 있다는 말은 '산 채로 매장'한다는 의미입니다. 무의식에 억압돼 있던 것이 움직여서 의식으로 나오는 것은 곧 마음이 움직인다는 뜻입니다. 이를 정신 역동力動이라고 합니다. 그래서 프로이트의 정신분석학에 기반을 둔 정신치료를 흔히 '역동 정신치료'라고 합니다.

처음에 정신분석학은 학계의 환영을 전혀 받지 못했습니다. 성적 욕구가 억압돼 있다가 인간의 마음을 몰래 움직이는 큰 역할을 한다는 주장은 그 당시 빈을 가득 채우고 있던 금욕주의적 문화에서 위험하고 대담한 발언이었습니다. 프로이트는 요즘의 악플보다 더한 엄청난 공격을 받았습니다.

그럼에도 불구하고 프로이트는 인간이 무의식의 영향으로 움직인다는 주장을 굽히거나 철회하지 않았습니다. 오히려 인간의 마음 깊은 곳을 계속 연구하면서, 의식에서 억압된 거북하고 고통스러운 것들이 무의식에 숨어 있어 우리를 움직인다고 주장했습니다. 그는 인간을 움직이는 대표 에너지로 성적 욕구와 공격성을 들었습니다.

프로이트는 정신분석가가 분석을 받는 사람과 대화를 해서 그 사람의 무의식을 이해할 수 있으면, 그 이해한 바를 의식과 연결시켜 정신질환을 치료할 수 있다고 했습니다. 무의식 자체를 프로이트가 발견한 것은 아니나, 무의식을 체계적으로 탐색할 수 있는 방법을 만들어 낸 것은 프로이트가 아주 크게 공헌한 점입니다. 무의식의 세계를 탐구하기 위해 그가 개발한 치료 기법은 자유연상, 전이transference와 역전이countertransference의 이용, 꿈의 해석 등이 있습니다.

시간이 가면서 프로이트의 영향력은 전 세계적으로 매우 커졌습니다. 그러던 중에 그는 1938년 6월 나치 독일의 박해를 피해 영국 런던으로 망명합니다. 평소 시가를 매우 즐겼던 그는 구강암으로 여러 번 수술을 받았고, 1939년 9월 23일 런던에서 세상을 떠났습니다. 《타임》지는 2000년에 지크문트 프로이트를 알베르트 아인슈타인Albert Einstein과 함께 나란히 '20세기의 위대한 인물'로 선정하였습니다.

프로이트는 무無에서 유有를 만들어냈습니다. 인간의 마음을 논하는 것이 과학의 대상이 아닌 철학이나 종교의 대상이었던 시대에 인간의 마음을 과학적으로 이해하는 정신분석학이라는 틀을 만들어낸 것입니다.

남이 만들어 낸 것을 비평하기는 쉽습니다. 눈앞에 바로 보이기 때문에 정말 일도 아닙니다. 그러나 안 보이던 것을, 없었던 것을 새로 만들어내는 것은 창조적인 일이며 아무나 할 수 있는 일이 아닙니다.

영상의학과 의사와 정신분석가의 공통점이 무엇인지 아시는지요? 두 분야 모두 안 보이는 것을 보려고 애쓴다는 것입니다. 전에는 수술을 해서 절개하지 않고는 몸 안을 들여다볼 수 없었습니다. 엑스레이가 발견된 뒤에야 폐나 뼈 등을 촬영하는 것이 가능해졌고 이제는 자기공명영상법MRI이 개발되어 뇌도 아주 자세히 들여다볼 수 있습니다. 그런 의미에서 정신분석학은 '마음을 들여다보는 자기공명영상법'입니다. 자, 이제 우리도 그 촬영기기 속으로 마음을 밀어 넣어 보겠습니다.

첫사랑은
전의식에 살고 있다

인간의 마음을 이해하기 위한 틀로서 프로이트가 선택한 출발점은 무의식이었습니다. 그는 환자를 보다가 꿈, 환상, 공상, 말실수와 같이 흔한 현상에서 인간의 마음에 무의식이 작용하고 있다는 것을 알아내게 됩니다. 그러면서 그는 마음을 의식Conscious, 전의식Pre-conscious, 무의식Unconscious으로 나누었습니다. 마치 커다란 땅덩어리를 나눈 것 같다고 해서 이것을 '지형 이론topographic theory'이라고 합니다.

서울이라고 하는 곳을 예로 들어 설명해보겠습니다. 서울은 한강의 북쪽인 강북, 한강, 한강의 남쪽인 강남으로 나눌 수 있습니다. 강북이 의식이라면 무의식의 세계인 강남으로 넘어오기 위해서는 다리를 통해 전의식으로 비유되는 한강을 건너와야 합니다.

마음의 움직임을 파악하려고 할 때 의식에서 전의식, 전의식에서 무의식으로 갈수록 접근하기가 어려워집니다. 전의식에 속하는 한강의 다리 양쪽에는 각각 검문소가 있어서 무의식의 세계인 강남에 사는 사람이 의식 세계인 강북으로 건너오는 것도 감시합니다. 무의식에서 전의식으로 넘어가는 곳에는 아주 엄격한 경비병이, 전의식에서 의식으로 넘어가는 곳에는 다소 헐렁한 경비병이 근무합니다.

마음의 위기 상황이 오면 경비는 더욱 강화됩니다. 스트레스를 받으면 평소에 쉽게 기억하던 것도 의식의 세계로 건너오지 못해 생각이 나지 않습니다. 가끔 술이나 진정제를 먹은 상태에서는 경비가 허술해지기도 합니다. 그럴 때는 평소 무의식에 담고 있던 말들이 생각하지 않고 막 나와서 실수를 하게 되고, 그 다음날 후회하는 일들이 벌어지는 거지요.

서울에 살지 않는 분들에게 서울을 예로 든 것이 마음을 불편하게 했다면 프로이트의 지형 이론을 큰 얼음덩어리인 빙산 그림으로 설명할 수도 있습니다. 의식은 빙산이 물 위로 솟아 있는 뾰족한 부분입니다. 전의식은 물 바로 밑에 잠겨 있는 빙산의 허리 위쪽 부분이어서 애를 쓰면 속이 들여다보입니다. 무의식은 물속에 깊이 잠겨 있어 잠수를 하기 전에는 알 수가 없는 제일 큰 부분입니다.

의식은 그야말로 우리가 의식하는 것입니다. 지금 알고 생각하고 있는 것입니다. "아, 저기 걸어가는 사람이 입은 옷이 아주 예쁘구나"

하고 생각하고 아는 것입니다. 그래서 지금 사귀는 이성 친구의 이름은 의식 세계에 있습니다.

의식의 세계는 현실원칙reality principle에 의해 움직입니다. 의식이 생각하는 법은 어린아이가 원하는 것을 지금 곧 얻고 싶어 하는 것 같은 쾌락원칙pleasure principle과 아주 다릅니다. 사귀고 싶은 사람이 있는 경우를 예로 든다면 의식은 충동적으로 접근하기 보다는 사귀고 싶은 사람에게 꾸준히 성의를 기울이는, 이른바 '작업'을 가능하게 합니다.

의식의 세계는 어른이 생각하는 방식인 2차 사고방식secondary process thinking으로 움직입니다. 2차 사고는 논리로 무장한 생각입니다. 이에 반해 1차 사고방식primary process thinking은 논리성과 무관하게 생각하는 법이며 어린아이들의 특징입니다. 그래서 어른과 어린아이들 사이에는 말이 잘 통하지 않습니다. 그러니 텔레비전 오락 프로그램에서 어린아이가 던진 의외의 질문에 어른들이 쩔쩔매는 것은 당연합니다.

의식 바로 밑의 전의식에는 평소 전혀 생각하지 않고 있으나 약간 노력하면 떠오르는 기억과 지식이 담겨 있습니다. 다 큰 어른이 초등학교 6학년 시절 짝사랑했던 담임선생님 이름을 입에 달고 살지는 않습니다. 그렇지만 옛 친구를 만나면 "아, 그때 나를 귀여워해 주시던 담임선생님이 누구셨고, 무슨 노래를 잘하셨고, 성함은 ○○○이었다"라는 생각이 갑자기 떠오릅니다. 그 생각은 전의식에서 옵니다. 의식과 전의식 간에는 비교적 쉽게 왕래합니다. 어린 시절 첫사랑의 이름은 완전히 잊히지 않습니다. 아련하게 아직 전의식에 남아 있습니다.

이루지 못한 사랑의 이름,
무의식

이제 무의식에 대해 알아봅시다. 무의식은 깊은 곳에 있어서 쉽게 들여다볼 수 없습니다. 무엇이 그 속에 있는지 생각해본다고 무의식의 문이 저절로 열리지는 않습니다. 무의식은 아주 커다란 지하창고입니다. 무의식에는 의식으로 올라오면 안 되는 것들이 포로처럼 잡혀 숨 쉬고 있습니다. 금지된 욕망들이 숨어 있습니다. 차마 표현하지 못하는 성욕과 드러내지 못하고 누르고 있는 공격성이 살고 있습니다. 그래서 금지된 사랑의 이름은 무의식에 살고 있습니다.

마치 영화에 나오는, 쫓겨난 사람들이 사는 지하세계와 같이 무의식 속에는 불편하거나 고통스러워서 억압된 생각, 느낌, 충동, 기억들이 우글거리며 살고 있습니다. 의식이나 전의식에서 무의식으로 일단 이사를 오게 되면, 그 모습 그대로 전의식이나 의식으로 다시 넘어오기는 매우 힘듭니다.

무의식은 쾌락원칙에 의해 작동합니다. 소망이나 욕구를 금방 충족시키기 위한 방향으로 움직인다는 뜻입니다. 내일이 되면 분명히 손해라고 생각할 일도 오늘 당장 욕망을 채우기 위해 덤벼듭니다.

짝사랑하는 사람이 있습니다. 성격이 수줍은 나는 그에게 감히 좋아한다는 말을 하지 못합니다. 그저 가끔 문자를 보내고, 만나면 작은 호의를 눈치껏 베풀면서 상대가 자신의 마음을 저절로 알아주길 바랍니다. 그런데 어느 날 술기운을 빌려 갑자기 행동이 변하기도 합니다. 용기를 내어 말하지 못했던 마음을 적극적으로 표현합니다.

무의식에서 의식으로 넘어가는 경계에 근무하는 경비병들이 허술해집니다. 그 틈을 타서 무의식에 있던 것들이 의식의 세계로 막 올라와 평소에는 드러낼 수 없던 것들을 표현하게 됩니다. 이렇게 "아, 나에게 이런 면이 있었나?"라고 놀라는 일이 벌어지는 겁니다.

무의식의 세계가 생각하는 방식은 마치 어린아이 같습니다. 무의식의 세계에서는 논리가 힘을 잃습니다. 그러니 의식에서는 말이 안 되는 것도 무의식에서는 다 통합니다. 어린아이들끼리 하는 말이 어른에게는 엉뚱하게 들리지만 자기들끼리는 다 의미가 통하는 것과 같습니다.

어린아이가 하는 말이 어른에게 엉뚱하게 들리는 것은 그들의 1차 사고를 어른의 2차 사고의 틀로 듣기 때문입니다. 이미 논리의 힘에 굴복당한 어른의 생각으로는 어린아이의 말을 알아듣기 힘듭니다. 무의식이 보내는 편지는 그래서 의식 세계에서는 엉뚱하게 들립니다. 스페인 출신 초현실주의 화가인 살바도르 달리Salvador Dali의 그림이 괴상하게 보인다면 무의식의 표현을 보았기 때문입니다.

무의식이 우리에게 거는 말은 여러 가지를 한 가지로 뭉쳐서 말하거나 앞뒤가 맞지 않습니다. 일정한 틀이 없이 횡설수설하는 듯 들립니다. 과거와 현재가 막 섞여 있기도 합니다. 그래서 훈련된 정신분석가가 아니면 무의식의 메시지를 알아내기는 매우 어렵습니다.

무의식은 속에서 끓고 있는 휴화산과 같습니다. 기회만 있으면 뚫고 나오려 합니다. 물론 자아가 파병한 방어기제들defense mechanisms이 지키고 있어서 쉽게 의식의 세계로 나오지는 않습니다. 하지만 무의식의 에너지는 숨어 있으면서도 나의 일상에 끊임없이 큰 영향을 주고 있습니다. 무의식은 불쑥 나타납니다. 가끔 꿈을 꾸고 나서 얼굴이 화끈거리고 마음이 불편해지는 그런 일이 있다면 가만히 생각해보세요. 그 꿈이 자신의 어떤 마음을 드러냈는지 말입니다.

무의식의 존재를 부정하는 사람들도 있습니다. 아직도 대부분의 심리학자들은 의식과 행동에 더 관심이 있습니다. 그러나 살아 있는 인간의 뇌를 실시간으로 찍는 뇌영상술이 나오면서 무의식 연구도 바빠지고 있습니다. 러시아의 생리학자 이반 파블로프Ivan Pavlov가 발견한 조건화 형성(음식 없이도 종소리만 울리면 개가 침 흘리는 실험을 기억하시나요?)의 상당 부분이 무의식에서 이루어진다고 인정하는 행동수정 이론가들도 나타났습니다.

파블로프는 "아무리 새의 날개가 완벽하다고 해도 공기의 도움이 없으면 절대로 날 수 없을 것이다. 사실facts은 과학의 공기이다. 과학자는 사실 없이 절대로 움직일 수 없다"라고 했습니다. 과학의 사실을 찾아내는 일도 쉽지 않지만 정신분석학 창시자인 프로이트에게 눈으로 볼 수 없는 마음의 사실, 진실을 알아내는 일은 더욱 더 험난한 길이었습니다.

일단 프로이트는 지형 이론으로 마음의 움직임을 이해하고 설명했습니다. 그는 무의식의 감옥으로 보내서 가둬놓은 갈등의 뿌리를 찾아 쇠사슬을 풀어주고 그들을 의식으로 다시 불러오면 정신장애가 쉽게 치료될 것으로 보았습니다. 그러기 위해 생각나는 것을 가능하면 전부, 거르지 말고 정신분석가에게 말하는 자유연상 기법을 만들어 사용했습니다. 자유연상법은 지금까지도 여전히 정신분석에서 중심적 역할을 차지하고 있습니다. 그러나 어느 순간 프로이트는 지형 이론이 완벽하지 못함을 깨닫게 됩니다. 지형 이론을 완전히 포기하지는 않았지만, 고심 끝에 1923년 그는 드디어 '구조 이론structural theory'을 내놓습니다.

내 안에 세 사람이 산다

구조 이론은 인간의 마음을 마치 세 명의 사람이 움직이는 것처럼 봅니다. 그들의 이름은 이드id, 초자아superego, 자아ego입니다. 간략하게 말하면 이드는 욕망의 대변자입니다. 자아는 중재자입니다. 초자아는 자아 이상ego ideal, 도덕, 윤리, 양심의 대변자입니다. 이드는 욕구를 주장하고, 초자아는 금지된 일을 못하게 막아서거나 이상을 추구하고, 자아는 타협점을 찾습니다.

이드는 '미지의 힘인 그것'이라는 뜻입니다. 프로이트가 독일어로 '그것das Es'이라고 한 것을 프로이트 원전을 영문으로 번역한 영국의 정신분석학자 제임스 스트래치James Strachey가 라틴어에서 단어를 빌려와 이드라고 하였습니다. 우리의 삶이 미지의 그것의 영향 아래 있다는 것입니다. 프로이트는 이드를 무의식 속에 억압되어 있는 성적이고 공격적인 소망 덩어리의 대표자로 보았습니다.

이드는 충동적인 어린아이와 같습니다. 원초적이고 이기적입니다. 이드를 움직이는 힘은 쾌락원칙입니다. 바라는 것이 있으면 금방 이루기를 원합니다. 이드는 참고 기다리지 못합니다. 원하는 과자를 주어야 울음을 그치는 아이와 같습니다. 과자를 먹지 않고 조금 참으면 더 맛있는 식사가 기다린다는 것을 모릅니다. 이드가 강해지면 마음의 세계에는 비상이 걸립니다. 이드의 힘이 세지면 인간은 이성이 아닌 본능적 충동에 의해 움직이게 됩니다.

초자아는 독일어로das Üer-Ich, '나의 위'라는 뜻입니다. 초자아의 역할은 나를 위에서 지켜보는 것입니다. 초자아는 이드 안의 욕망들이 어떻게 움직이는지를 자세히 파악하고 있습니다. 초자아는 태어난 후 부모와 사회로부터 배운 것을 기준으로 움직입니다. 초자아는 특히 엄격한 아버지의 모습입니다. 초자아 형성의 밑거름은 오이디푸스 콤플렉스Oedipus complex입니다.

오이디푸스 콤플렉스는 그리스 비극에서 유래한 말입니다. 소포클레스Sophocles가 쓴 그리스 비극 〈오이디푸스 왕〉에 나오는 오이디푸스는 테베의 왕 라이오스와 왕비 이오카스테의 아들로 태어납니다. 크면 아버지를 죽일 것이라는 예언 때문에 오이디푸스를 죽이라는 왕명을 받았지만 엄마의 부탁을 받아 몰래 버려지고, 양치기에 의해 멀리 코린트로 옮겨가 코린트 왕의 아들로 키워집니다. 성장한 후 자신이 아버지를 죽이고 어머니를 차지할 운명이라는 예언을 듣게 된 오이디푸스는 그 운명을 피하기 위해 코린트를 떠납니다. 그러다가 테베로 가는 길에서 자신의 친아버지인 라이오스를 만나게 되고 시비 끝에 그를 죽이게 됩니다. 그러고 나서 스핑크스의 어려운 질문을 풀고 테베를 구합니다. 그 공으로 왕이 된 오이디푸스는 친어머니인 왕비 이오카스테와 결혼합니다. 나라에 역병이 돌자 그 원인이 친아버지를 죽이고 친어머니와 결혼한 자기 자신이라는 것을 알고 고통에 못 이겨 스스로 자신의 눈을 찔러 장님이 되어 떠납니다.

오이디푸스 콤플렉스를 쉽게 말하면 세 살에서 여섯 살 사이의 아이가 부모와 이루는 삼각관계에서 겪는 일입니다. 삼각관계 안에서 처음에 아이들은 이성의 부모를 좋아하고 차지하려 하지만 나중에는 거세불안castration anxiety 등의 이유로 동성의 부모와 동일화하면서 포기하게 됩니다. 그리고 부모의 가치관을 받아들여서 자신의 가치관을 형성하는 과정을 겪습니다. 설마 그런 것이 있을까 의심하시는 분들은 자신의 어린 시절을, 혹은 주변의 아이들을 한 번 살펴보면 쉽게 알게 됩니다. 크면 엄마와 결혼하겠다고 우겼던 시절이, 아빠가 엄마보다 나만 예뻐하면 좋겠다고 생각했던 어린 시절이 누구에게나 있습니다.

초자아는 데이터베이스 시스템입니다. 무엇이 옳고 그르고 좋고 나쁜지에 대한 자료와 기준을 가지고 있습니다. 그 데이터베이스는 두 개의 폴더로 이루어져 있습니다. 하나는 양심conscience 폴더입니다. 지켜야 할 윤리, 도덕, 양심과 그것에 따르지 않으면 내가 어떻게 된다는 결과들이 들어 있습니다. 다른 하나는 자아 이상 폴더입니다. 내가 되고 싶은, 내가 되어야만 하는 비전과 꿈들을 담고 있습니다.

때문에 초자아는 나를 관찰하고 비판하고 벌합니다. 초자아는 나를 격려하고 분발하라고 합니다. 자신이 초자아의 눈에 비추어 도덕적이지 않으면 죄책감을, 추구하는 가치나 이상에 못 미치면 수치감을 느끼게 됩니다.

초자아가 너무 힘이 세면 인생이 고단합니다. '모범생'으로만 살아야 되니까요. 모범생까지는 아니더라도 초자아가 너무 엄격하면 초자아가 언제 화를 낼지 몰라 늘 긴장하며 살아야 합니다. 누가 뭐라고 하는 것도 아닌데 자기가 자기를 야단치고 벌주는 일도 벌어집니다. 너무 경직되어 융통성이 없는 초자아도 있습니다. 그러면 세상일에 타협이 불가능해서 앞뒤가 꽉 막힌 사람이 됩니다. 인생이 팍팍해집니다.

반대로 초자아가 너무 약하면 본능적 충동이 이드에서 거침없이 올라옵니다. 나쁜 짓이나 하는 '사고뭉치'가 되기 십상이지요. 내가 무슨 짓을 해도 힘이 없는 초자아가 말리고 나서지 못하기 때문입니다.

자아는 독일어로 '나das Ich'입니다. 자아는 중재자입니다. 자아는 이드, 초자아, 현실 사이에서 모두를 만족시키는 쪽으로 협상을 주도합니다. 원하는 것은 무조건 이루려는 이드와 도덕적 잣대를 제시하는 초자아 그리고 냉엄한 현실 사이에서 자아는 합리적인 해결책을 찾으려고 노력합니다.

예를 들어 보겠습니다. 친구의 연인을 좋아하는 것은 이드의 행동입니다. 초자아는 말합니다. "그러면 안 된다. 윤리적인 행동이 아니다. 그러니 그 남자를 잊어버려라." 현실도 초자아를 거들면서 요구하고 나섭니다. "그러다가 큰일 난다. 친구가 알게 되면 너를 그냥 두지 않을 것이다. 그만둬라." 자아는 현실과 초자아와 이드 간에 협상을 하도록 시도합니다. 그 결과를 타협형성compromise formation이라고 부르는데, "그래, 그렇다면 그냥 멀리서 바라보는 것으로 만족하자"가 되는 겁니다.

이런 타협성을 이끌어내는 자아의 역할이 매우 중요합니다. 힘 있는 자아는 고통스러운 일을 견딜 수 있습니다. 그러니 평소에 자아의 힘을 키워놓아야 합니다. 자아의 힘을 키우려면 다소의 시련은 필수적입니다. 살다보면 즐거운 일도 많지만, 어려운 일들도 여러 가지 형태로 매일 나의 일상에 느닷없이 등장합니다. 이런 시련들을 잘 극복하고 대범하게 대하는 연습을 해야 합니다.

연인과 헤어지고 나서 슬픔을 감당하지 못해 정신을 놓아버린다면 자아의 힘이 약하기 때문입니다. 또한 자아가 약하면 줏대 없는 사람이 되기 쉽습니다. 어른이 돼서도 엄마 치마폭을 벗어나지 못하는 '마마보이'가 그렇습니다. 산다는 것은 선택과 문제 해결의 연속인데 자아가 약한 사람은 이럴까 저럴까 고민만 하다가 자신의 귀중한 시간들을 다 보내버립니다. 반면 자아가 강한 사람들은 자신의 선택을 믿고 실행하는 데 주저함이 없습니다.

무엇보다 자아는 방어기제를 동원해 스스로를 무의식의 공격으로부터 지킵니다. 예컨대 실연의 고통은 아무리 잊으려고 해도 불쑥불쑥 나를 괴롭힙니다. 아무리 마음이 아파도 언젠가는 "어디 저 혼자뿐이야!" 이런 방어기제를 이용해 툭툭 털고 일어나야 합니다. 그런 힘은 바로 자아에서 옵니다. 자아는 고통스러운 감정을 의식의 세계에서 몰아내고 어려움을 견디도록 하는 힘입니다.

chapter 2

어떤 욕망이 우리를 움직일까

공격적 성향은
본질적이고 독립적이며 본능적인 기질이다.

— 지크문트 프로이트

나는 어떻게 하루를 살아가는 것일까요? 자동차가 휘발유 엔진의 힘으로 가듯이 인간도 살아가기 위해서는 동력이 있어야 합니다.

많은 사람들이 자신을 움직이는 것은 합리적인 이성의 힘이라고 흔히 착각합니다. 그러나 사실은 비합리적인 기분이나 느낌이 훨씬 더 자주, 그리고 강하게 나를 움직입니다. 이성적 판단과 상관없이 나는 기분 내키면 무슨 일이든지 합니다. 기분이 내키지 않으면 조그만

일에도 움직이지 않습니다. 심지어 아주 기분이 안 좋으면 엉뚱한 일을 저지르기도 합니다.

그렇다면 나를 움직이는 마음의 동력에는 어떤 것들이 있을까요? 그것을 우리는 욕구라고 합니다. 여기서는 심리학자 에이브러햄 매슬로Abraham Maslow가 이야기한 욕구단계 모델의 틀에 정신분석적 개념을 더해 살펴보겠습니다.

인간은 동물입니다. 나에게는 우선 생존이 중요합니다. 생존하기 위해서 우리는 먹고 마시고 잡니다. 배가 고프면 어떻게라도 먹을 것을 찾아서 허기를 먼저 해결해야 합니다. 엄마 젖을 왕성하게 빨아대는 아기는 생명력의 가장 대표적인 상징입니다.

생존 다음이 안전입니다. 안전을 바꾸어 말하면 공포가 없는 상태입니다. 우리는 혼자 있기 불안해서 공동체를 이루고 모여 삽니다. 친구를 사귀고, 가족을 만듭니다. 물리적인 안전도 굉장히 중요한 역할을 합니다. 단독주택보다는 아파트가 더 안전할 것 같으면 이사하기 위해 애써서 돈을 모읍니다.

그런데 담장을 높이고 현관문에 자물쇠를 다는 것만이 안전이 아닙니다. 아무리 안전한 공간에 있어도 마음의 균형이 깨지면 안전하다고 느끼지 못합니다. 안전이라고 하면 위험이 닥쳐올 것을 막는 것만 생각하는데, 무엇을 잃어버리는 것에 대한 대비도 안전 관리에 속합니다. 마음에 절절하게 두고 있는 사람이 언젠가 곁에서 사라질지도 모른다는 생각에 시달리고 있다면 안전한 것이 아닙니다.

나와 맞는 사람을 찾아 헤매다 :
소속감

나는 나와 이야기가 통하는 사람을 찾아 헤맵니다. 친구를 찾고, 연인을 만들고 싶어 합니다. 나는 그 사람이 좋습니다. 나는 그에게 속하고 싶습니다. 커플링을 사서 그에게 줄 수 있는 날을 기다립니다. 그러나 그 사람은 나에게 관심이 없는 듯합니다. 나는 그의 곁을 그저 위성처럼 맴돕니다. 마음이 아픈데도 나는 그의 곁을 떠날 수 없습니다. 나는 그의 작은 별이 되고 싶습니다. 이렇듯 사람은 고통스러운 일도 필요하면 하기 마련입니다. 어리석게 보일지 몰라도 이 모든 행동이 누군가에게 속하고 싶기 때문입니다.

소속감이 나를 어떻게 움직이는지 알고 싶다면 평소에 참석하는 모임들을 한번 늘어놓아 보세요. 초등학교 동창회, 중·고등학교 동창회, 대학교 동창회, 각종 동아리, 온라인 동호회와 팬클럽, 스터디 그룹, 학회 등 의외로 자신이 놀랄 정도로 아주 많다는 것을 알 수 있을 겁니다.

소속감이 없는 상태가 벌어지기도 합니다. 흔히들 '왕따'라고 불리는 경우가 이런 상태의 일종이라고 할 수 있습니다. '왕따'가 어린 학생들만의 일은 아닙니다. 어른들 사이에서도 따돌림은 얼마든지 가능합니다. 따돌림은 소극적인 것과 적극적인 것이 있습니다. 소극적 따돌림이란 스스로 참여를 하지 않아서 따돌려지는 것입니다. 그들과 같은 공간에 있는 것을 스스로 포기하는 행위입니다. 소속감을 느끼려면 말, 행동, 습관, 가치 등이 서로 비슷해야 합니다. 반대로 적극적 따돌림이란 그들과 어울리고 싶은데 그들이 나를 밀어내는 것입니다. 타의에 의해 소속감을 박탈당하게 되는 것처럼 고통스러운 일은 없습니다.

결국 왕따를 당하지 않기 위해 오늘도 우리는 열심히 여러 모임을 헉헉거리며 돌아다니느라 발품을 팝니다. 문자 메시지를 보내고, 메일을 쓰고, 블로그와 SNS를 돌아다니면서 안부를 남깁니다. 그렇게 사는 것이 쓸데없이 고단한 듯이 보이지만 소속은 생존과 안전을 위해서도 중요합니다.

소속감의 극치는 이타주의입니다. 이타주의란 '나를 희생해서라도 남을 위하자'는 생각이자 행위입니다. 정신분석학에서는 그것을 남에 대한 공격성이 반대 경향의 행동으로 나타나는, 즉 반동형성反動形成으로 해석합니다. 이타적 성향이 지나친 사람들에게 자신과 가족을 먼저 잘 보살펴야 하지 않겠느냐 충고하는 말이 프로이트 이전에도 있었습니다. 1642년 영국의 의사 토마스 브라운 경Sir Thomas Browne은 "자선은 집에서 시작된다"고 책에 썼습니다. 소속감의 뿌리와 시작은 가족입니다.

자신을 계발하는 행위도 소속감을 얻기 위한 것으로 이해할 수 있습니다. 세상이라는 곳에 소속되고 싶은 욕망이 나를 움직입니다. 나는 아침에 일어나 인터넷 검색을 하고, 책을 읽고, 잡지를 보고, 음악을 듣고, 그림을 감상합니다. 이런 일들이 인지적 욕구에서 오는 것이기도 하지만 이것 역시 세상에 속하고 싶은 욕구를 표현하는 것입니다. 그런 면에서 여자들이 아름다움을 추구하는 것, 남자들이 근육을 키우고 싶어 하는 것도 같은 의미를 지닙니다. 자신의 방을 깔끔하게 정리정돈하고, 예쁜 장식품들을 사서 꾸미려고 노력하는 것도 마찬가지입니다. 자신이 소속되고 싶은 어떤 세상을 만드는 것입니다.

나를 스스로 지키다 : 자존심

자존심도 나를 움직이는 매우 중요한 힘입니다. 자존심이란 '남에게 굽히지 않고 자신의 품위를 스스로 지키는 마음'입니다. 자존심은 정신분석학에서 자주 거론되는 주제입니다. 그만큼 인간 마음에 중요한 자양분이라는 뜻입니다. 남들 앞에서 무언가 잘하고 싶은 것은 자존심을 살리고 싶은 욕구입니다. 그래서 한밤에도 지친 몸을 이끌고 테니스나 스쿼시를 연습합니다. 노래방에 갔을 때 멋있게 보이고 싶어 악보를 찾고 노래 파일을 구해 열심히 따라 불러봅니다.

자존심의 역할도 시대에 따라 달라집니다. 20세기에는 자존심의 추락으로 우울증에 빠지는 사람이 많았습니다. 20세기 말부터는 자존심을 우울증보다는 자기애narcissism나 성격장애와 연관시켜 이야기합니다. 자존심이 상하면 자기를 사랑하는 마음이 상처를 받습니다.

자존심이 상하면 성격이 꼬이거나 틀어집니다.

흔히들 자존심이 높다고 하면 성격이 세고 강한 사람을 떠올립니다. 그렇다면 자존심이 낮은, 마음이 취약한 사람들은 어떤 사람들일까요? 바로 자존심의 동력을 자기 안에 갖지 못하고 다른 사람에게 의존하는 사람입니다. 부모에게, 연인에게, 혹은 자기가 가지고 있는 각종 타이틀에 의존하는 사람들. 이런 사람의 자존심은 앞과 뒤, 왼쪽 오른쪽이 모두 흠집투성이입니다.

자존심이 낮은 사람의 대인 관계는 정말 어렵습니다. 자신의 부족한 부분을 다른 사람이 인정해주고 지지해주는 것에서 채우려 합니다. 그러나 나를 인정해줄 그도 신이 아닌 인간이기에 늘 갈등에 시달리고 있습니다. 다른 사람이 줄 수 있는 자존심 보충 에너지는 마치 전기 사정이 나쁜 집의 텔레비전 화면이 나왔다 안 나왔다 하는 것처럼 예측 불가능합니다. 설령 그가 나를 늘 안정적으로 지지하고 인정해준다고 해도, 그러면 다시 그에게 의존하고 있는 나 자신에 대해 불안해지고 화가 나기 시작하므로 결국은 또 다른 문제가 생깁니다.

자존심에 상처를 받으면 그것을 치유하기 위해 많은 노력을 필요로 합니다. 제가 권하는 간단한 방법이 하나 있습니다. 아찔하게 높은 곳에서 번지점프를 한번 해보세요. 지금은 돌아가신, 나의 미국인 선생님은 당신이 암에 걸린 것을 알자마자 태평양이 내려다보이는 절벽 위로 행글라이더를 타러 갔습니다. 병에 걸린다는 것은, 특히 병을 고치는 의사가 병에 걸린다는 것은 자존심이 엄청나게 추락하는 일입니다. '추락하는 것은 날개가 있다'는 말이 정말 맞습니다. 자존심도 날개가 있어 때로는 솟아오르고 가끔은 떨어집니다. 허공에 줄로 매달리는 번지점프가 너무 겁이 난다면 안전하게 카우치에 누워서 정신분석을 받아보기를 권합니다.

자존심은 자신만을 위해서만 작용하지 않습니다. 타인을 구하는 행위에도 자존심이 관계합니다. 오늘도 어떤 사람이 자신이 다칠 위험을 무릅쓰고 남을 구하려고 지하철 선로로 뛰어들지 모릅니다. 이런 사람들은 어떤 이들일까요? 그들은 자신들의 자존심에 비추어 그 순간 그 장소에서 자신이 처한 상황과 자신이 결정한 것이 옳다고 생각하는 사람들입니다.

나를 살게 하는 최고 동력 : 자기실현

자기실현self-actulization이라는 동기도 엄청난 힘을 발휘합니다. 우리가 삶을 살아가게 하는 최고의 동력은 '자기실현'이라는 주장이 있을 정도입니다. 대형 서점에 엄청나게 쌓여 있는 자기계발서들이 바로 이런 것을 내세우기도 하지요.

자기실현의 개념은 특히 스위스의 분석가 칼 융Carl Jung이 강조했습니다. 심리학자 매슬로는 '욕구 5단계의 꼭대기에 있는 인간 발달의 최종 목표'가 '자기실현'이라고 했습니다. '내가 가진 잠재력들의 완전한 실현'이 자기실현의 교과서적 정의입니다. 그러나 나는 그것보다 '내가 가진 잠재력들을 최대한 실현하고자 노력하는 것'이라고 정의하고 싶습니다. 결과보다는 과정이 더 중요하다는 의미이기도 하고, 또 실제로 결과보다 과정을 통해서 자기실현의 욕구가 더 많이 충족되기 때문입니다. 그리고 결과가 좋으려면 과정이 튼튼해야 합니다. 신경증neurosis에 시달리는 많은 사람들을 보면 안타깝게도 과정보다는 결과에 초점을 맞추다가 인생을 낭비합니다. 설령 결과가 만족스럽지 않아도 자신의 잠재력을 믿고 노력하는 과정을 겪어본 사람들은 결국에 더 많은 것을 이룰 수 있습니다.

내가 자기실현을 잘하고 있는지는 어떻게 알 수 있을까요? 한 가지 힌트는 다음과 같습니다. 자기실현이 제대로 되고 있다면 나는 내 삶의 진실을 정직하게 받아들일 준비가 되어 있습니다. 뻔히 보이는 것을 아니라고 나 자신에게, 남에게 우긴 적이 있지 않습니까? 우기고 있다면 자기실현의 취약점을 감추려고 하는 것입니다.

자기실현의 욕구가 강한 사람은 솔직할 뿐만 아니라 인생을 주도적으로 살려고 노력합니다. 남의 기대나 의견과 같은 외부 압력에 휘둘리지 않고 독립적으로 행동하려 합니다. 인생이 문제 해결의 연속이라는 것을 받아들이고 문제가 생기면 회피하기보다는 해결하려고 애씁니다. 나와 남을 있는 그대로 받아들이고 편견을 줄이려고 합니다. 세상에 빠져 허덕이기보다는 세상이라는 바다를 유유히 헤엄쳐 나가려 합니다. 무엇보다 유머를 즐기는 사람이 되려 합니다.

칭찬은 고래도 춤추게 한다는 말이 있습니다. 고래도 춤추게 하는 것이 칭찬이라면 인간인 내가 칭찬을 받으면 나는 거의 슈퍼맨처럼 공중을 날게 되지 않을까요. 누구에게나 선생님과 부모님의 인정과 칭찬을 받기 위해 공부를 열심히 하려 했던 어릴 적 기억이 있습니다. 남이 나를 인정해준다는 것은 언제 어디서나 기분 좋은 일입니다. 텔레비전 퀴즈 프로그램에 나가는 것이 꼭 상금을 타기 위해서만은 아닙니다. 남들에게 인정 받고 싶은 욕구, 자기실현의 욕구, 상금의 유혹이 섞여 있습니다. 남의 인정을 받고 싶다는 욕구는 사람이라면 태어나서 숨을 거두기 전까지 계속됩니다. "안 보는 사이에 멋있어졌다" 혹은 "예뻐졌다"라고 했을 때 정색을 하며 싫어하는 사람을 보시면 알려주시기 바랍니다.

불만도 우리를 움직입니다. 이미 만족한 상태에서는 더 움직이기가 쉽지 않습니다. 부족해야 불만이 생기고 불만이 우리를 움직여 일을 하게 합니다. 어린 시절의 불우한 환경이 인생이 끝날 때까지 나쁜 요인으로만 작용하지는 않습니다. 역사를 살펴볼 때 유명한 사람들 중에 불우한 어린 시절을 보낸 사람들이 많은 것이 꼭 우연은 아닙니다. 불만을 잘 활용하면 자신의 힘으로도 성공할 수 있습니다.

불만을 원동력으로 삼은 뒤에는 목표를 세우고 끈기 있게 행동해야 합니다. 꿈만 수없이 꾼다고 해서 저절로 이루어지지는 않습니다. 그러다가는 불평꾼으로 그치게 됩니다. 또하나, 성취 후에 찾아오는 허탈감도 잘 마무리할 수 있어야 합니다. 방심하다가 엉뚱한 데로 빠지는 사람도 많습니다.

왜 같은 행동을 반복할까?

그런데 참 이상합니다. 가끔 나는 어떤 행동을 그냥 되풀이합니다. 자동적으로 움직입니다. 아무리 생각해도 왜 그러는지 알 수 없습니다. 심지어 뻔히 손해를 보는 짓도 합니다. 무의식의 힘은 그렇게 작용합니다. 의식적으로 하는 일과 달리 무의식적으로 반복하는 행동은 왜 그러는 건지 원인을 알기 어렵습니다. 이러한 현상을 프로이트는 강박적 반복repetition compulsion이라고 했습니다.

강박적 반복은 과거에 상처받은 일이나 상황을 동영상의 구간반복 기능처럼 되풀이하는 것입니다. 어떻게 하는 것일까요? 자신이 겪었던 그런 일이 다시 일어날 확률이 높은 상황 속으로 스스로 걸어 들어가는 겁니다.

남에게 이미 한 이야기를 하고 또 하는 행동으로 나타날 수도 있습니다. 주변에 자신이 겪은 힘들었던 일을 계속 말하고 또 말하는 친구가 있다면 마음의 상처가 아직 아물지 않은 사람입니다. 실제 행동으로 옮길 정도로 대범하지 못한 사람은 혼자 집에 있을 때 꿈에서, 환상에서 이 상황을 되풀이합니다.

강박적 반복은 가슴에 맺힌 것이 배어 나오는 것입니다. 원망스럽고 억울하고 안타까워서 슬프게 응어리진 마음에는 반창고를 붙일 수도 없는 노릇입니다. 다만 그것이 조금씩 잘 아물어야 합니다. 그 사람의 무의식을 들여다보면 되풀이를 통해 맺힌 것을 극복하고자 하는 동기가 숨어 있습니다. 반드시 겉으로 드러난 이유에 의해서만 행동하는 것은 아닙니다. 인간을 움직이는 동기에는 이렇게 무의식적인 것들이 넓고 깊게 존재합니다.

두 가지 기본적인 욕동

이렇듯 나를 움직이는 힘은 매우 다양합니다. 정신분석에서는 인간의 욕망 중에서 크게 두 가지를 주요한 것으로 봅니다. 이제부터 프로이트의 두 가지 기본적인 욕동instinctual drives을 들여다봅시다.

프로이트는 인간을 움직이는 두 가지 욕동(본능적 욕구의 움직임)이 있다고 했습니다. 그것은 삶의 욕동인 리비도Libido(성 에너지)와 죽음의 욕동인 타나토스Thanatos(공격성, 공격적 에너지)입니다. 리비도, 즉 성 에너지에 대해 발표하자마자 프로이트는 금욕주의에 휩싸여 있던 빈에서 엄청난 비난에 시달렸습니다. 인간은 그런 존재가 아니고 또 그래서도 안 된다는 것이었습니다. 고귀하고 도덕적이어야 할 인간을 성욕 덩어리로 보면 안 된다고 질책했습니다. 너무 인간을 단순하게 파악한다는 비판도 받았습니다. 그러나 잘 들여다보면 프로이트의 말에 진실이 숨어 있습니다.

왜 우리들은 연예인이나 패션모델에게 관심이 있을까요? 그것이 그들에 대한 막연한 부러움 때문 만일까요? 얼짱 열풍이나 몸짱 열풍 그리고 S 라인은 도대체 무엇일까요? 성적 매력이 중요하지 않다면 우리가 몸을 가꾸는 것이 단지 건강만을 위해서일까요?

공격성도 마찬가지입니다. 공격성이 없다면 우리가 어떻게 나를 지킬 수 있을까요? 왜 인간은 참혹한 결과를 뻔히 알면서도 전쟁을 일으킬까요? 왜 남자들은 권투, 레슬링, 격투기에 열광할까요? 공격성은 타인을 향한 것만은 아닙니다. 공격성은 자신을 움직이는 중요한 동력입니다. 공격성이 너무 부족한 사람들은 의욕이 없습니다. 몸과 마음이 움직이지 않게 됩니다.

공격성이 없는 사람은 자기를 지켜나가기 어렵습니다. 나를 지키기 위해서는 항상 약간의 공격성을 필요로 합니다. 물론 공격성이 지나치면 다른 사람을 해치거나 대인 관계를 망칠 수도 있습니다. 가끔 그런 사실을 알면서도 타인을 공격하게 될 때가 있습니다. 그것은 지나친 공격성의 뿌리에 자기애적 분노가 자리를 잡고 있기 때문입니다. 남을 공격함으로써 나 자신을 사랑하고 지키려고 하는 것입니다. 만약 그 공격성이 남에게 분출되지 못하고 방향을 돌려 자신을 향하게 되면 어떻게 될까요? 우울증에 빠지고 심하면 자해나 자살로 이어집니다.

성욕이나 공격성이 반드시 적나라하게 드러나는 것은 아닙니다.

자세히 보면 아주 작은 눈빛이나 사소한 몸짓에서도 얼마든지 찾아낼 수 있습니다. 학교나 직장에서 별일 아닌 것을 가지고 자꾸 시비를 거는 것도 공격성의 표현입니다. 사람들이 사는 모습을 가만히 들여다보면 인간을 움직이는 에너지가 그 방향이나 결과와 상관없이 성 에너지와 공격성을 모두 포함하고 있다는 것을 부인하기 어렵습니다. 우리는 삶의 대부분을 무의식의 욕동에 종속되어 살아갑니다.

성 에너지와 공격성이 상징하는 탄생과 파괴, 사랑과 증오는 늘 팽팽한 긴장 관계에 있습니다. 그 균형이 무너지면 삶이 어려워집니다. 자연스러운 삶을 위해서는 성 에너지와 공격성을 어떻게 적절한 수준으로 균형을 맞추는가가 중요합니다.

유머에 숨겨진 공격성

세상을 살다보면 억울한 일도 슬픈 일도 겪게 됩니다. 늘 누가 옆에 있어 나를 위로해주는 것도 아닙니다. 그럴 때 내가 나를 위로할 수 있는 가장 좋은 방법은 유머입니다. 유머란 웃음을 일으키고 즐겁게 해주는, 내가 연출하는 내 마음의 개그콘서트입니다.

우리는 더 이상 직접 무기를 들고 상대를 공격하는 시대에 살고 있지 않습니다. 옷을 잘 차려입고 손에는 노트북 컴퓨터를 들고 있는 현대인입니다. 내가 마치 원시인처럼 공격 에너지를 마음 놓고 방출한다면 주변은 엄청난 혼란에 빠질 것이고, 나 자신도 살아남을 수 없습니다. 그래서 공격성을 표출하기 위한 여러 가지 편법이 등장합니다. 그중 하나가 유머(우스개, 익살, 해학)입니다. 개그, 코미디, 농담, 위트, 난센스 퀴즈도 마찬가지입니다.

유머는 상대로부터 공격받을 가능성을 줄이면서 죄책감을 느끼지 않고 공격성을 표현하는 방법입니다. 정신분석학의 입장에서 보면 유머란 억눌려 있던 공격 에너지가 해방되어 웃음이라는 형태로 발산되는 것입니다. 억압되어 사라질 뻔했던 공격성을 변장시킨 후에 의식으로 불러와서 즐기는 것이지요. 원초적인 형태의 공격 에너지가 무의식에서 의식으로 건너오는 다리의 검문소를 아무 일 없이 통과할 수 있도록 모습을 바꾼 것이 유머입니다. 우리가 유머나 개그에 열광하는 이유는 대리 만족을 할 수 있기 때문입니다.

유머를 만들어낸 사람은 아슬아슬한 게임을 합니다. 마음 한구석에 유머의 원래 모습이 억압된 공격 에너지인 것을 알고 있으니 약간의 죄책감도 느끼고 있습니다. 그래서 유머를 하는 사람은 웃지도 않으면서 우스운 말을 할 수 있는지도 모릅니다. 남들을 비꼬는 유머를 내가 하고 남들이 따라서 웃는다면 그때 죄책감이 줄어들면서 내 마음은 자유로워집니다. 남들의 웃음을 통해 일종의 사면을 받는 것이지요. 공격성을 들키지 않고 성공적으로 모습을 바꾸어 발산한 것입니다. 반면에 실패한 유머는 위장 없이 공격성이 그대로 드러납니다. 그러면 유머를 시도한 사람은 당황해하고, 창피하게 느끼고, 죄책감에 시달립니다. 듣던 사람은 썰렁해합니다.

유머나 개그, 농담에서 희생자는 별 볼 일 없게 그려집니다. 그래야 듣거나 보는 사람들이 자신들이 우월하다고 느끼면서 우쭐해집니다. 희생자가 마치 자기 어린 시절 미숙했던 모습처럼 보이면서 자신이 훌쩍 컸다는 것을 확인할 수 있어 기분이 좋아집니다.

특히 농담은 세 사람 사이의 게임인 경우가 많습니다. 하는 사람, 듣는 사람, 그리고 농담의 희생자입니다. 말하고 나서 속은 시원하지만 죄책감이 안 느껴져야 성공한 농담입니다. 농담은 아슬아슬한 곡예와 같아 실패와 성공 사이의 간격이 좁습니다. 숙련된 기술과 경험 없이 함부로 농담을 하다가는 낭패를 봅니다. 중요한 자리나 어려운 자리에서 어색함을 피하기 위해 농담을 하다가는 사고 칠 확률이 높습니다.

유머, 개그, 농담은 원래 모습을 완벽하게 바꿀수록 성공합니다. 좋은 유머는 두 가지 즐거움을 줍니다. 긴장이 해소되는 즐거움과 놀이의 즐거움입니다. 유머, 개그, 농담으로 유도된 웃음은 마음의 자유를 줍니다. 자유로우면 크게 웃을 수 있습니다. 자유로워야 남을 이해할 여유가 생깁니다. 흥미롭게도 공격성을 억압해야 하는 사람일수록 유머 감각이 좋은 경우가 많습니다. 공격성은 어쩔 수 없는 인간의 본능입니다. 그것을 억압하고 조절하면서 틈새를 타고 만들어지는 것이 유머입니다.

chapter 3

누구에게나 마음의 경호실이 있다

이드가 있었던 곳에 자아가 있게 하라.

– 지크문트 프로이트

마음은 마치 순두부 같습니다. 조금만 건드려도 흔들리고 쉽게 뭉그러집니다. 그리고 그 상처가 오래 남습니다. 이렇게 여린 마음을 잘 보호하기 위해 누구나 마음의 경호실을 가지고 있습니다. 이 마음의 경호실에서는 다양한 경호 작전들을 평소에 준비해놓고 있습니다. 정신분석학에서는 이를 방어기제defense mechanism라고 부릅니다. 방어기제는 '두렵거나 불쾌한 정황이나 욕구 불만에 직면하였을 때 스스로를 방어하기 위하여 자동적으로 취하는 적응 행위'를 말합니다.

방어기제는 아주 바쁘게 살아갈 운명을 타고 났습니다. 한평생 끊임없이 내 마음에 찾아오는 불안, 공포, 분노, 슬픔의 감정에 대항하여 나를 보호하려니 바쁠 수밖에 없습니다. 어떤 감정이든 산들바람 수준이 아닌 폭풍으로 불어오면 나는 쓰러지거나 실종됩니다. 그래서 방어기제는 늘 정신을 차리고 내 마음의 바다가 평안하도록 지켜야 합니다.

어떤 방어기제가 자신을 아끼는 '수호천사'가 되는지는 사람마다 다릅니다. 타고난 기질, 내 부모가 쓰는 방어기제, 어려서 겪은 어려움의 종류, 방어기제를 쓰고 난 후에 도움이 되었는지 아니면 오히려 힘들었는지 여부에 따라 각자 다르게 선택합니다. 이렇게 선택된 방어기제는 나의 성격 속에 녹아들어 평생을 함께합니다.

우리 마음은 불안, 수치심, 죄책감이 나타나는 기척이 들리면 얼른 방어기제를 출동시킵니다. 출동한 방어기제는 불안, 수치심, 죄책감을 일으키는, 무의식에서 의식으로 올라오는 충동을 아예 못 올라오게 하거나 올라오더라도 감당할 수 있는 형태로 다듬습니다. 강남에서 강북으로 한강 다리를 넘어오는 사람을 검문해서 못 넘어오게 하거나, 휘발유나 총 같은 위험한 물건을 내려놓고 가도록 하는 것이지요. 그런데 강남과 강북 사이의 교통을 무조건 차단하면 큰 문제가 생기는 것처럼 방어기제도 너무 강하게 또는 습관적으로 쓰면 문제가 생깁니다. 성격이 융통성 없이 꽉 막히면서 고집스러워집니다. 그렇게 대인 관계를 피하고 혼자 지내면 현실을 제대로 파악하지 못하게 됩니다. 아무리 좋은 방어기제도 잘못 쓰거나 너무 오래, 강하게 쓰면 친구 사이, 이성 문제, 가족 관계 등 인생 전반에서 문제가 됩니다.

프로이트가 생각했던 방어기제는 몇 가지 안 됐습니다. 프로이트의 딸이며 역시 저명한 정신분석가였던 안나 프로이트Anna Freud는 아버지에 이어 방어기제의 개념을 크게 확장시켰습니다. 마음의 경호실 메뉴가 몇 가지에 머물다가 뷔페 수준이 된 것이지요. 어떤 것들이 있을까요?

무조건 눌러놓고 없는 척한다 : 억압

그렇게 오래 같이 했건만 나를 버리고 떠난 옛 연인의 이름이 까마득하게 생각나지 않는 경우가 있습니다. 기억을 하면 너무 마음이 아파서 그 이름을 그냥 잊은 것입니다. 마치 책상 위에 놓인 그의 사진을 보고 있으면 가슴이 쓰려서 보이지 않게 서랍 속 깊이 밀어두고 어디에 넣었는지조차 까맣게 잊은 것과 같습니다. 이것이 바로 억압repression입니다.

억압은 의식에서 받아들이기 거북한 욕망, 충동, 생각을 무의식에 파묻어버리는 것입니다. 일종의 생매장입니다. 그러나 억압된 것은 완전히 사라지지 않습니다. 무의식에서 살아 움직입니다. 원래 모습으로 나타날 수는 없지만 상징적인 모습으로 변장해 자꾸 얼굴을 보이려 합니다. 꿈에서 보이거나 현실에서 증상으로 나타납니다.

억압은 프로이트가 발탁한 이래 중요한 위치를 차지해온 방어기제의 주연급입니다. 한편 억압과 달리 억제suppression는 의식에서 이루어지는 방어기제입니다. 알면서도 의식적으로 미루거나 피하는 것입니다. 연인과 싸우고 화가 나서 일부러 그의 전화를 피하려고 전화기를 꺼둡니다. 잠시 그의 모습을 마음에서 일부러 지우는 것과 같습니다. 그러나 완전히 잊지는 않습니다. 억제는 '눈 가리고 아웅' 하는 정도입니다.

용기 없는 자의 알리바이 :
합리화

이솝 이야기 중 〈여우와 신포도〉 우화가 생각나시나요? 포도밭 옆을 지나가던 여우가 높이 달린 포도를 따 먹을 수가 없자, "저 포도는 어차피 신맛이 강해 먹을 수 없다!"고 둘러대는 이야기입니다. 이 이야기를 듣고 "참으로 한심하고 바보 같은 여우로군!" 하고 생각하면 안 됩니다.

여우가 어리석어 보이지만, 그렇게 한 이유는 자존심을 지키기 위해서였습니다. 내가 마치 이 여우처럼 행동한다고 느낄 때가 있지 않나요? 이렇게 합리화rationalization는 받아들일 수 없는, 태도, 믿음, 행동을 포함한 것들을 정당화하기 위해서 지적으로 그럴듯하게 설명하는 것입니다. 자책감이나 죄책감을 느끼지 않기 위해 그럴듯한 설명으로 나를 방어하는 행위입니다.

평소에 정말 호감이 가는 이가 있습니다. 그와 사귀고 싶지만 자신의 이런저런 처지로 미루어 볼 때 거절당할 가능성이 큽니다. 거절당한다면 내 마음이 아프고 자존심이 상할 것입니다. 자, 이때 '신포도'가 필요합니다. 나는 자신에게 "그는 알고 보면 거만하고 성격도 나쁠 거야. 키도 작고 생김새도 절대로 내 타입이 아니야"라고 말하며 그를 마음에서 정리해버립니다. 한두 번은 모르지만 이런 일을 반복한다면 이성 관계에서 나는 늘 겁먹고 물러서는 사람이 됩니다. 용감한 자만이 사랑을 할 수 있습니다.

합리화와 사촌 격인 '아는 것으로 풀기intellectualization'도 있습니다. 어떤 불편한 느낌을 피하기 위해서 지적인 행위를 과도하게 하는 것을 말합니다. '아는 것으로 풀기'의 예로는 병에 대한 불안을 그 병에 대해 책이나 인터넷으로 조사해서 지식을 쌓아 해결하려는 행동을 들 수 있습니다. 심해지면 '건강염려증hypochondriasis'이 됩니다. '건강염려증'은 사실은 그렇지 않은데 내 몸에 무슨 병이 있을 것이라는 생각에 사로잡혀 자꾸 걱정하는 것입니다. 마음의 문제를 몸으로 돌려 마음을 달래려는 시도입니다.

다이어트에 대한 강박증도 그렇습니다. 하루 종일 인터넷 사이트를 뒤지면서 온갖 다이어트 정보들을 수집하고, 관련 기사들을 샅샅이 읽는 것도 비슷한 행동입니다.

그래야 책임, 죄책감을 면하고 분노와 같은 자기 속에 숨어 있는 본능적 욕구가 터져 나오는 것을 막아낼 수 있습니다. '아는 것으로 풀기'로 병에 대한 불안을 해결하려는 환자들도 있습니다. 이런 환자들을 만나면 의사 입장에서는 아주 머리가 아픕니다. 의사와 경쟁하려 하기 때문입니다. 지하철 승객이 자기가 직접 운전하겠다고 하는 것과 같습니다. 그런 사람들은 자신의 내면을 잘 들여다보려 하지 않습니다. 시선이 외부 세계에 가 있습니다. 사람보다는 물건에 집착합니다. 매사에 숲을 보려하지 않고 나무 한 그루를 붙들고 늘어집니다.

나는 왜 그 사람을 닮고 싶을까

누구에게나 '역할 모델role model'이 있습니다. 내가 좋아하고 존경하는 사람처럼 되기 위해 노력하는 것입니다. 이런 심리가 아주 강력하게 작동하는 것이 바로 '동일화identification'입니다. 동일화는 자아가 성장하고 초자아가 만들어지는 아주 중요한 과정입니다. 동일화의 힘은 강력합니다. 사람들이 성공한 CEO의 책을 사는 이유도 동일화입니다. 나의 일상이 너무 힘들고 슬픈 일에 젖어 있어도, 자신을 누군가 힘 있고 지혜로운 사람과 동일화할 수 있다면 내 마음은 봄날 따사로운 햇볕을 쬐고 있는 것처럼 편안해집니다.

동일화는 집단적으로 체험을 공유하고 행동하려고도 합니다. '누구누구를 사랑하는 모임'과 같은 동호회가 좋은 예입니다. 여러 이유로 '사랑하는' 그 사람을 닮고 싶은 사람들이 모입니다. 꼭 연예인이나 유명한 사람이 아니라 하더라도, 자기가 좋아하는 주변 사람의 말투나 몸짓을 따라하는 경향이 있습니다. 자신이 동경하는 선배의 옷차림, 자신이 좋아하는 이성이 잘 쓰는 말 등을 닮아갑니다. 그에 대한 내 호감과 그렇게 하면 그 사람이 나를 좋아할지도 모른다는 무의식적 기대가 그 속에 숨어 있습니다.

'따라하기'는 그 사람과 나를 연결하는 접착제입니다. 그러나 너무 대놓고 따라하다가 그 사람이 그것을 알게 되면 상대가 나를 경계하고 좋아하지 않을 수도 있습니다. 그래서 단순히 그 사람의 의견에 공감을 표시하는 것으로 바꾸기도 합니다. 동일화가 좋은 효과만 가져오는 것은 아닙니다. 근거 없는 '신비한 힘'과 동일화하면 광신도가 될 수 있습니다. 이런 것은 병적 동일화입니다.

동일화와 잘 구별이 안 되고 비슷한 것이 '이상화idealization'입니다. 흔히 뉴스 같은 데서 나오는 사이비 종교의 교주에게 속은 교인들이 그런 예입니다. 이상화가 꼭 그렇게 '비이성적인' 사람들에게만 나타나는 것은 아닙니다. '이상화'는 내가 가지지 못한 것을 남이 가지고 있어 남이 나보다 낫다고 여기는 것입니다. 누구나 성장하면서 이상화의 단계를 거칩니다. 인간이 겪는 첫 번째 이상화는 바로 부모와의 관계에서 찾을 수 있습니다. 어린아이들은 자라면서 '어른'인 부모가 막강하다고 생각하고, 그들이 어떤 어려운 일이 있어도 나를 지켜줄 것이라고 믿는 단계를 거칩니다. 어른이 되어서도 이상화에 지나치게 빠지면 현실에서 부딪히는 온갖 어려움, 마음의 고통으로부터 그가 나를 보호해줄 것이라고 근거 없이 확신하게 됩니다.

사람이라면 약간의 이상화는 누구나 다 합니다. 어릴 때 짝사랑하는 사람이 화장실 가는 것을 상상조차 못하는 것, 유엔 사무총장을 텔레비전에서 보면서 나도 국제기구에서 일할 수 있을 거라는 상상을 하는 것, 이런 것도 이상화입니다.

그러나 시간이 지나면 이상화의 반작용이 나타납니다. 좋아하고 따르던 인물에게 실망하고 회의감이 드는 때가 옵니다. 그래서 그를 평가절하하고 격하시킵니다. 이것은 비정상이 아니고 정상적인 반응입니다. 내가 그만큼 성장했다는 뜻입니다. 그렇다고 내가 이상화했던 인물들을 아주 버리지는 않습니다. 단지 그들이 지니고 있는 인간적 약점까지도 껴안으면서 가는 것입니다.

다른 사람에 대한 이상화가 지나치면 내 약점이 크게 보이면서 내 약점을 받아들이기 힘들어집니다. 완벽하지 않은 것은 아무것도 아니라는 착각에 빠집니다. 나를 있는 그대로 받아들이지 못하고 불완전한 나를 싫어하게 됩니다. 그러나 성숙한 인간은 자신이 지닌 인간적 약점도 보면서 갈 수 있어야 합니다. 이 세상에 어느 누구도 완벽할 수 없습니다.

이상화가 '사랑'이라는 이름으로 시작한다면? 눈에 콩깍지가 씌었다고 하는 것이 바로 그것입니다. 다른 사람들의 눈에는 이상하게 보이는 그의 행동이 내 눈에는 멋있게만 보입니다. 그러던 어느 날 갑자기 상대의 그런 행동이 보기 싫어지고, 상대의 약점이 보이기 시작합니다. 얼굴만 보고 있어도 행복하던 것이 이제는 그 얼굴조차 잘 떠오르지 않습니다. 이것은 정상적인 과정입니다.

이때는 상대에게 실망할 것이 아니라 자신이 성숙한 수준에서 상대를 있는 그대로 파악하게 되었다는 신호로 받아들이고, 이때부터 관계를 잘 만들어가는 것이 중요합니다. 그럴 때 사랑은 오히려 무르익습니다. 그런데 자기애가 너무 강한 사람은 '식어버린' 사랑을 참지 못합니다. 새롭게 열정을 공급해줄 사람을 향해 떠나버립니다. 그리고 '상처받는 사랑 이야기'가 반복됩니다.

잘 숙성된 와인 같은 방어기제

내 마음속에는 숱한 방어기제들이 살고 있습니다. 방어기제도 마치 와인처럼 품질이 있습니다. 잘 익은 것도 있고, 덜 익은 것도 있습니다. 제일 잘 익은 것으로는 유머, 승화, 이타적 행위를 들 수 있습니다. 앞에서 말했듯이 갈등이 있더라도 유머를 활용하면 웃어넘길 수 있습니다.

금지된 욕망이나 충동을 사회가 용납하는 바람직한 쪽으로 바꾸어

의식이 받아들일 수 있는 형태로 표현하는 것을 '승화sublimation'라고 합니다. 욕망을 무의식으로 파묻어버리는 억압과 달리 승화는 욕망을 변형된 형태로 만들어 의식 세계로 풀어준다는 특징이 있습니다. 극단적인 예를 들면, 무의식적으로 인간의 몸 안을 들여다보는 것에 흥미가 있는 사람이 외과의사가 되는 것입니다. 살인자가 흘리게 하는 피와 달리 외과의사가 피를 보는 행위는 사람을 살리기 위해 승화된 것이어서 사회적으로 받아들여집니다.

성적 또는 공격적 욕구나 충동이 미술, 조각, 문학, 영화 등으로 표현되는 일은 너무나 흔하지요. "나는 영화를 보는 목적이 오로지 예술성을 탐미하기 위한 것이고 성적 충동과 공격성의 대리 만족이라는 부분은 절대로 없다"고 자신하는 분이 계신다면 저에게 연락 주십시오. 모든 영화는 감독이 표현하고자 하는 인간 본능을 예술이라는 형태로 승화시킨 결과물입니다. 그리고 그 결과물들은 당연히 태생적 한계를 벗어나지 못하고 가끔 음란성이나 폭력성이 충분히 가려지지 않았다는 이유로 영상물 심의위원회가 내리는 등급 판정의 희생물이 됩니다. 여기서 위원회는 초자아의 기능을 하는 겁니다.

프로이트의 손자 중에 루시안 프로이트Lucian Freud라는 아주 유명한 화가가 있습니다. 독일 태생의 영국 화가인 이 사람은 특이하게도 딸들의 나체를 그림으로 그린 바 있습니다. 뉴욕 현대미술관에서 이 사람의 특별전을 보면서 정신분석가인 저조차 그 사람의 의도를 어떻게 해석해야 할지 머리가 아팠던 일이 기억납니다. "나는 동물로서의 사람에 정말 관심이 많다"고 말한 것을 보면 인간의 본능을 연구한 자신의 할아버지, 지크문트 프로이트의 피를 제대로 이어받았나 봅니다.

이타적 행위 또는 이타주의altruism는 남들이 본능적 욕구를 충족시킬 수 있도록 내가 나서서 건설적인 방법으로 꾸준히 도와주는 것을 말합니다. 그러면 나는 무엇을 얻나요? 나는 남들을 통해 내 욕구를 대리 만족시킵니다. 연애할 때 상대방을 멋지게 꾸미고 싶어 하는 것도 그를 위해서가 아니라 사실은 내 욕구를 만족시키기 위한 것입니다.

미성숙한 사람들의 방어기제

보졸레 누보는 프랑스의 보졸레 지역에서 그해 갓 나온 적포도주를 말합니다. 신선하지만 깊은 맛은 없습니다. 방어기제에도 '보졸레 누보'급이 있습니다. 청소년기에는 어울릴지 모르지만, 어른이 계속 쓰기에는 미성숙합니다. 나에게도 아직 그런 방어기제들이 남아 있는 것은 아닐까요. 과연 어떤 것들이 그런 미성숙한 것일까요?

행동화acting-out

누군가와 가까워지고 싶은 욕구를 충족시키기 위해 충동적으로 뒷일을 생각하지 않고 아무하고나 잠자리를 할 수도 있습니다. 원하는 것을 얻기 위해 적극적인 행동을 한 것으로 보일 수도 있지만, 다시 생각해보면 일시적인 친밀감을 얻기 위해 소중한 것을 잃어버리는 것이지요. 그럴 경우 바로 그 다음날 아침, 사랑이라는 환상은 조각조각 깨어져버립니다.

이렇게 무의식의 욕구나 충동을 고스란히 행동으로 옮기는 것이 '행동화'입니다. 무의식의 환상을 직접 행동으로 드러내서 본능적 충동은 만족시키지만 후회로 이어집니다. 물론 일부러 그러는 것이 아니고 자신도 모르게 하는 것입니다.

내 마음을 남이 알아주지 않는다고 아무렇게나 사는 것은 마치 어린아이가 부모에게 자신의 요구를 들어주지 않는다고 장난감 가게 바닥에 누워서 떼쓰며 보채는 것과 같습니다. 말로 풀어야 할 고통스러운 감정을 생각 없이 행동으로 그냥 옮겨버리는 것입니다. 이런 행동화의 방식으로 자신을 다스리고 다른 사람과 소통하기에는 한계가 있습니다. 그런 행동은 나를 해치고 남에게 상처를 줍니다. 이런 방식으로는 인격이 성숙될 수 없습니다.

수동적 공격 passive-aggressive behavior

현대사회에서는 타인을 대놓고 공격할 수 없습니다. 욱하는 마음에 공격을 하다가 오히려 얻어맞거나 형사상, 민사상 대가를 치러야 합니다. 그래서 사람들은 간접적인 공격법을 발전시킵니다. 바로 '수동적 공격'입니다.

누구에게나 그런 경험이 있습니다. 예를 들면 그 사람이 중요하게 생각하는 프로젝트를 내 실수로 아무렇지도 않게 망쳐버립니다. 그가 요청한 데드라인을 무심하게 넘겨버립니다. 아니면 발표 준비를 도우면서 슬라이드 파일을 무의식적으로 섞어버립니다. 이렇듯 자신도 약간의 손해를 감수하면서 상대에게 최대한의 손해를 끼치는, 감당할 수 있는 수준에서 공격성을 표현하는 것이 수동적 공격이라는 방어기제의 목적입니다. 이는 정말 일상생활에서 흔히 발견할 수 있는 방어기제입니다.

격리 isolation

'격리'는 남이 따돌려서가 아니라 스스로 혼자 있기를 청하는 것입니다. 부정하고 싶은 현실에서 도피해 혼자 있으면서 잠을 많이 자고, 공상에 빠집니다. 슬픈 감정을 숨기고 태연한 듯 하는 것도 격리입니다. 사람에게서 받는 스트레스를 피하는 방법이지만 길게 가면 대인관계에 큰 문제가 생깁니다. 부딪힐 때는 부딪히고, 울 때는 울어야 합니다. 이 격리의 방어기제가 심해지면 '퇴행regression'입니다.

퇴행은 어린아이처럼 되는 것입니다. 현재의 나에서 과거의 나로 돌아가 편안함과 안락함을 찾고 지금 받고 있는 스트레스를 해소시키려는 방법입니다.

너무 힘들 때 누군가에게 안아달라고 말하는 것은 성적 행위가 아닙니다. 엄마가 어린아이인 나를 안아주었던 시절로 돌아가 같은 느낌을 다시 체험해보고 싶은 것입니다. 마음의 병에 걸리면 평소에 아무리 씩씩하던 사람도 모두 어린아이가 됩니다. 그래야 그나마 편해지기 때문입니다.

투사 projection

나는 화가 납니다. 그런데 화를 내는 사람이 내가 아니고 다른 사람이 나에게 화를 내고 있다고 생각합니다. 이것이 '투사'입니다. 화난 사람이 나라고 생각하면 마음이 불편하기 때문입니다. 내 탓을 남의 탓으로 돌리는 것입니다. 나의 나쁜 점이나 내가 잘못한 것을 타인의 나쁜 점으로, 타인의 잘못으로 돌려서 내 마음을 편안하게 만드는 것입니다.

'망상적 투사'는 더 심한 형태입니다. 망상적 투사는 자신이 가진 망상을 남에게 덮어씌우는 것입니다. 자신이 죽이고 싶도록 미워하는 (객관적이고 합당한 이유가 없이) 사람이 있을 때 사실은 자기가 미워하는 것이 아니라 상대방이 자신을 이유 없이 죽도록 미워한다고 생각해버리는 것입니다. 내가 그를 미워한다는 감정과 그가 죽기를 바란다는 소망 자체가 불러오는 죄책감이 너무 크고 고통스러워 피하기 위한 방법입니다.

막강함 omnipotence

세상을 내 마음대로 움직일 수 있다고 믿는 것은 '막강함'입니다. 미국 샌프란시스코에 큰 지진이 나서 교량과 건물들이 무너지고 엄청난 피해가 생겼을 때 한 어린아이가 아빠에게 전화를 해서 "내가 한 짓이 절대로 아니야!"라고 말했다고 합니다. 어린아이들은 자기가 막강한 일을 할 수 있다고 생각합니다. 그러다가 사실은 힘이 있는 사람이 부모라는 것을, 나중에는 부모의 힘도 한계가 있다는 것을 깨닫게 됩니다.

그런데 어른이 돼서도 자신의 힘이 막강하다고 생각하는 사람들이 간혹 있습니다. 물론 자신이 힘이 있다고 믿는 것이 자신감을 기르는 데 중요합니다. 하지만 지나치면 자신이 가지고 있는 능력이나 처해 있는 위치에 넘치는 권위를 부리려고 하게 됩니다. 사이비 종교의 교주나 희대의 사기꾼이 된 사람들은 바로 이런 막강함이 병적으로 나타나서 남들을 착취하고 부리려 하는 것입니다.

이러한 막강함 뒤에는 사실 자신의 허약한 점, 부적절함, 한계를 감추고 그에 따른 상처를 예방하려는 무의식적인 노력이 숨어 있습니다. "빈 수레가 요란하다"는 말이 맞습니다. 그러니 허세를 부리는 사람이 있으면 멀리하고 조심해야 합니다.

부정denial

'부정'이라고 이름 붙은 방어기제는 '절대로 그럴 리가 없어!'라고 내가 나에게 강하게 말하는 것입니다. 알면서 일부러 그러는 것이 아닙니다. '그래'라고 진실을 받아들이는 것이 너무 고통스럽기 때문에 무의식적으로 그렇게 하는 것입니다. 무의식의 작용이어서 나는 내가 부정하고 있다는 걸 모릅니다. 영화나 드라마에서 흔하게 나오듯이 암이나 백혈병과 같은 심각한 병에 걸리고도 그 병의 진단을 믿지 않는 것입니다.

분리splitting

'분리'는 다른 사람들을 나쁜 사람과 좋은 사람으로 나누는 것입니다. 나에게 나쁜 사람과 좋은 사람은 절대로 같은 사람이 될 수 없습니다. 어린 아기였던 내가 배고플 때 금방 젖을 먹여준 엄마는 좋은 엄마, 그러지 않았던 엄마는 나쁜 엄마였던 인식이 지속됩니다. 나쁜 엄마와 좋은 엄마를 분리해놓는 이유는 그러지 않으면 나쁜 엄마가 좋은 엄마를 파괴해버릴 것 같은 공포를 느끼기 때문입니다. 그래서 결국 좋은 엄마와 나쁜 엄마가 한 엄마이고 사정에 따라 금방 젖을 주기도, 나중에 주기도 한다는 사실을 통합하지 못하게 됩니다.

엄마라고 하는 내 인생의 주요 대상이 통합되지 못한 채 내 마음에 새겨지면, 어른이 되어서도 나에게 어떤 사람은 항상 나쁜 사람이고, 또 다른 사람은 항상 좋은 사람일 수밖에 없습니다. 어떤 한 사람이 이런 면은 좋고 저런 면은 나쁠 수도 있다는 것을 이해하지 못하니 항상 대인 관계가 삐걱거립니다. 세상에 어떻게 전적으로 좋기만 한 사람이나 나쁘기만 한 사람이 있겠습니까?

'분리'는 나 자신조차도 '좋은 나'와 '나쁜 나'를 따로 나누어 마음에 간직합니다. 좋은 나와 나쁜 나를 합쳐놓으면 내가 온통 나쁜 나로 변해버릴 것 같은 두려움에서 나도 모르게 그렇게 합니다. 어느 날은 '좋은 나'가 그 사람을 만납니다. 다른 날은 '나쁜 나'가 그를 만나 문제를 일으킵니다. 영문을 모르는 그 사람은 당연히 나를 어떻게 이해하고 대해야 할지 고민과 혼동에 빠집니다.

'분리'의 방어기제를 익숙하게 쓰는 나의 마음에서 '좋은 나'와 '좋은 그'가 만날 가능성은 그리 크지 않습니다. '좋은 나'와 '나쁜 그'가 만나거나 '나쁜 나'와 '좋은 그'가 부딪히면 오해가 생기고 둘 중 한 사람의 가슴이 무너집니다. '나쁜 나'와 '나쁜 그'가 만나면 폭탄이 터지고 공존이 깨어집니다. 분리를 쓰는 마음에는 그렇게 구별하지 않으면 내가 그 사람에 의해 지배당하거나 피해를 받을지도 모른다는 두려움이 숨어 있습니다.

왜곡 distortion

'왜곡'은 방어기제 중에 아주 심각한 종류입니다. 이는 내적 욕구를 만족시키기 위해서 외부세계를 전체적으로 바꿔버리는 작용을 합니다. 쉽게 말하면 자신의 마음에 맞도록 사실과 달리 꾸며서 지워냅니다. 예를 들면 내가 짝사랑하게 된 남자를 놓고 사실은 그가 나를 사랑한다고 생각해버리는 것입니다. 대개의 스토커들이 겪는 심리기제가 바로 이런 경우입니다.

전치displacement

'전치'는 "종로에서 뺨 맞고 한강에서 눈 흘긴다"입니다. 정작 욕을 당한 자리에서는 아무 말도 못하고 다른 자리에 가서 화풀이한다는 말입니다. 내가 느끼는 노여움과 같은 감정을 애매한 다른 데로 옮기는 것입니다. 연인과 문제가 있어서 화가 난 것을 그 자리에서 해결하지 않고 집에 가서 부모나 형제에게 짜증내는 것입니다. 그러면 가족 관계도 나빠집니다.

해리dissociation

'해리'는 갑자기 나와 나의 연결이 끊어지는 것입니다. 심하면 '내가 아닌 나'가 될 수도 있습니다. 어떤 텔레비전 드라마에서 주인공이 어렸을 적에 자기가 떨어뜨린 장난감을 주워주려 나갔다가 차에 치여 사망한 아버지에 대한 기억을 전혀 못하는 상황이 나왔습니다. 기억하면 너무 고통스럽고 죄책감이 목을 조여와서 그 경험과 기억 창고 사이의 통로를 스스로 차단한 것입니다. 이것이 해리입니다. 기억하지 않음으로써 자신을 지키려는 것입니다.

반동형성reaction formation

'반동형성'은 받아들이기 힘든 감정이나 충동을 극복하기 위해 정반대 방향으로 세게 나가는 것입니다. 예를 들면 미워하는 감정을 극복하기 위해 그 사람을 사랑해버리는 것입니다. 그렇다고 해서 밑에 숨어 있는 미움이 없어지는 것은 아닙니다. 사람을 미워하면 안 된다는 초자아의 지시를 받아서 불편해진 자아가 미움 위에다가 사랑이라는 덮개를 씌운 것뿐입니다.

반동형성으로 생긴 사랑은 어딘지 튑니다. 도가 지나칩니다. 엉뚱합니다. 눈길을 끌려 합니다. 꾸밈이 많습니다. 진심이 배어나오지 않습니다. 그 사랑은 너무 경직되어 있습니다. 무조건적입니다. 자연스럽지 않습니다. 상대가 어떻게 반응할지에 늘 전전긍긍합니다.

남에 대한 배려가 지나친 사람에게는 남에게 잔인하게 대하고 싶을까봐 두려워하는 마음이 숨겨져 있습니다. 지나치게 깔끔한 사람의 마음에는 아주 더럽게 살고 싶은 욕구가 숨겨져 있습니다. 무조건적인 반전주의자의 마음에는 엄청나게 파괴적이고 가학적인 에너지가 자리 잡고 있습니다. 이타주의의 뒤에는 이기주의가, 부모에 대한 복종의 밑에는 반항심이, 순결을 지키려는 마음 아래에는 성적 욕구가 숨어 있는 것이 인간의 마음입니다.

납치된 사람이 처음에는 증오하고 무서워하던 납치범을 결국 마음으로 따르거나 심지어 사랑까지 하게 되는 스톡홀름 증후군Stockholm syndrome도 반동형성으로 설명이 됩니다. 1973년 스웨덴의 스톡홀름에 있는 한 은행에 기관총으로 무장한 은행 강도가 침입해 세 명의 여자와 한 명의 남자를 131시간 동안 인질로 잡았습니다. 강도들은 인질들의 몸에 폭약을 감아놓고 꼼짝 못하게 감금하고 위협했습니다. 경찰이 마침내 그들을 구출했습니다. 그런데 오히려 인질들이 기자

회견에서 범인들을 옹호한 것입니다. 후에 한 여성은 범인 중 한 명과 약혼을 합니다. 다른 한 사람은 범인들의 변호사 비용을 대기 위해 기금을 모읍니다. 정말 놀랄 만한 일이 벌어진 것입니다. 그 현상을 이해하려면 상식의 세계가 아니라 무의식의 세계를 읽어야 합니다. 인질의 입장에서는 범인들이 자기들을 보호해주는 사람이라고 믿지 않고서는 지독한 위험에 처한 상황을 심리적으로 감당할 도리가 없었을 것입니다. 얻어맞는 아내가 때리는 남편을 떠나지 못하고, 학대받는 아이들이 학대하는 부모를 버리지 못하는 것도 동일한 이유에서입니다.

방어기제를 살펴봐야 하는 이유

이런 방어기제들은 일상에서 내 마음을 덜 불편하게 합니다. 하지만 방어기제를 너무 즐겨 쓰고 그것이 내 안에 굳어지면 방어기제가 내 마음의 진실을 가리게 됩니다. 그리고 증상으로 나타납니다.

내 마음의 진실을 알려면 내가 무엇을 방어하고 있는지 알아야 합니다. 내 행동, 태도, 성격에 묻어나오는 방어기제를 잘 살펴볼 수밖에 없습니다. 그래야 내가 진정 원하는 삶을 살아갈 수 있습니다. 그래서 정신분석 시간에 하는 일 중에 방어기제의 분석이 중요합니다. 내가 하는 이야기를 잘 듣고 있던 분석가는 내가 방어하는 것이 무엇인지, 왜 그렇게 하는지를 나에게 해석해줍니다.

그러나 방어기제를 분석하는 것은 쉽지 않습니다. 우선, 방어기제는 자아에 속하지만 무의식에서 은밀하게 움직이는 비밀요원이지 의식 세계를 활보하는 정규군이 아니기 때문입니다. 그래서 분석 받는 나의 자유연상에서 비밀요원의 움직임이 파악되면 분석가는 일단 그 방어기제를 의식의 세계로 소환합니다. 그리고 그 방어기제가 어떤 본능적 욕구를 방어하고 있는지, 그 역할을 적절하며 효과적으로 수행하고 있는지 알아보는 작업을 합니다. 그렇게 되면 그 방어기제는 비밀요원에서 정규군으로 편입되어 활동 상황이 더 투명하게 파악됩니다. 분석 받는 사람은 자신이 어떤 본능적 욕구에 대해 어떤 방어기제를 어떻게 쓰는 지를 이해하고, 알아낸 정보를 활용해 더 성숙된 방어기제를 건강하게 사용하는 쪽으로 옮겨가게 됩니다.

그렇게 옮겨가는 데는 망설임과 저항이 따릅니다. 그동안 방어기제가 마음의 고통을 예방하고 나를 지키는 역할을 해왔기 때문에, 분석 받는 입장에서는 그것들을 내놓고 분석하고 변형시키는 일은 마치 적군에게 무기를 내놓고 항복하는 것과 비슷하게 느껴집니다. 그래서 분석 과정에서 반복 작업이 필요합니다. 반복 작업을 통해 방어기제는 더 의식적이고, 더 자발적이고, 더 적응된 형태로 다시 태어납니다.

chapter 4

마음에는 여러 가지 색이 있다

개인의 자유는 문명이 가져온 것이 아니다.
문명이 있기 전에 그 자유는 최대치에 달했었다.

– 지크문트 프로이트

프로이트가 마음을 이해하기 위한 틀로 구조 이론을 생각해내면서 먼저 주장했던 지형 이론을 버린 것은 아닙니다. 현대 정신분석가들은 지금도 지형 이론과 구조 이론을 모두 쓰고 있습니다. 지형 이론과 구조 이론을 합쳐 생각해보면 이렇게 됩니다. 이드는 무의식의 세계에서 기회를 엿보고 있습니다. 자아는 의식과 무의식에서 근무하고 있습니다. 초자아도 의식과 무의식에서 우리를 지켜보고 있습니다.

정신분석학은 '갈등의 심리학'입니다. 이 세상 그 누구의 마음속이든 갈등이 수북이 쌓여 있습니다. 갈등은 인생에서 피할 수 없는 동반자입니다. 갈등葛藤은 "칡[葛]과 등나무[藤]가 서로 얽혀 있다"는 뜻입니다. 서로 얽혀 있으면서 이해관계가 달라 대립, 충돌, 적대시한다는 의미입니다.

갈등은 이드·초자아·자아 사이에, 또한 이드·초자아·자아, 각각의 안에서도 나타납니다. 이드·초자아·자아 간의 갈등은 불안, 우울, 분노, 죄책감, 수치심으로 느껴지고 행동이나 성격으로 나타납니다. 이드 간의 갈등, 초자아 간의 갈등, 자아 간의 갈등도 나름대로의 역할을 합니다. 예를 들어 방어기제는 자아 기능에 속하는데 그중 억압, 격리, 또는 부정과 같은 방어기제가 너무 강력해지면 역시 자아 기능의 하나인 기억 기능과 갈등이 생깁니다. 이렇게 해서 기억력의 장애가 생깁니다.

정신분석치료는 이런 장애를 치료하는 것입니다. 그 치료 방법은 잘 듣고 잘 해석하는 것입니다. 치료에서 해석이 중심적인 위치를 차지하므로 정신분석학은 '해석학Hermeneutics'입니다. 프로이트의 정신분석학은 이제 현대 정신분석학으로 계승되었습니다. 프로이트 생전과 사후에 수많은 사람들이 정신분석학이라는 학문 안에 인간의 마음을 들여다보는 도구들을 만들어 쌓아놓았습니다. 현대 정신분석학은 오래된 프로이트의 이론만을 그대로 따라하는 것이 아닙니다.

정신분석학에 대한 비평은 상당 부분 오해에서 비롯된 것입니다.

비평을 하는 사람들의 눈길은 프로이트가 살아 있던 100년 전의, 그것도 초기 이론에 가 있습니다. 그래서 아직도 "정신분석학은 성적 욕망만 논한다"는 식의 비판이 어이없게 나오는 것입니다.

다양한 마음의 이론들

현대 정신분석학에서는 무의식, 전의식, 의식 그리고 이드, 자아, 초자아를 모두 활용해 환자를 분석합니다. 이를 자아 심리학ego psychology이라고 합니다. 거기에 대상관계 이론object relations theory, 애착 이론attachment theory, 자기 심리학self psychology, 관계 정신분석학realtional psychology, 상호주관성 이론intersubjectivity theory 등이 힘을 더하고 있습니다.

자아 심리학은 프로이트의 구조 이론에 근거를 두고 있지만 프로이트 외에 많은 정신분석학자들이 지금까지 다듬어왔고 미국 정신분석학의 근간이 됩니다. 자아 심리학의 관심사는 당연히 자아의 발달입니다. 그리고 프로이트의 이론에 충실하게 자아가 본능적 욕구와 현실 사이에서 어떻게 적응해나가는지에 관심이 있습니다.

구조 이론에서 이야기된 자아에는 하인츠 하르트만Heinz Hartmann이라는 분석가를 만나면서 '갈등에서 자유로운conflict-free 자아 기능'이라는 새로운 개념이 추가됩니다. 이 개념의 요점은 우리의 인지, 주의, 기억, 운동, 언어는 갈등과 상관없이 작용하는 자아 기능이라는 말입니다. 사실 어느 누구도 "인지할까 말까?"라든지 "기억할까 말까?" 식으로는 생각하면서 살지 않지요.

프로이트가 주장한 '정신성 발달psychosexual development 이론(구강기, 항문기, 오이디푸스기, 잠복기, 성기기)'은 빛을 많이 잃었습니다. 오히려 에릭 에릭슨Erik Erikson의 '정신사회적 발달psychosocial development 이론'이 더 활용도가 높습니다. 성적 갈등이 큰 문제가 되던 예전과 달리 21세기인 지금은 이미 성에 대한 문제는 더 이상 큰 갈등이 되기 어려운 시대가 되었기 때문입니다. 예를 들면 성적 욕구를 억압해서 생긴 히스테리 신경증 환자를 더 이상 찾아보기 힘듭니다.

이제는 정신과 의사나 정신분석가를 찾아오는 대부분의 문제가 나와 타인과의 관계 문제입니다. 이런 관계의 문제를 다루는 정신분석 이론의 기반 중 하나가 '애착 이론'입니다. 영국의 정신분석가였던 존 볼비John Bowlby가 주창한 애착 이론은 어린 시절에 부모와 안정적인 애착 관계를 경험해야 정서와 사회성이 정상적으로 발달해서 어른이 돼서도 남과 건강한 관계를 맺을 수 있다고 말합니다. 볼비는 영국의 클라인 학파에서 정신분석가 수련을 받았습니다. 그는 분석가 수련 이전에 이미 장애가 있는 소아청소년들에 대한 봉사활동을 통해 성장 과정이 그들에게 끼친 영향을 잘 알고 있었습니다. 그래서 수련 과정에서 클라인 학파가 환상에 지나칠 정도로 중점을 두면서 현실을 무시하는 것에 반발해 독자적인 길을 가게 되었습니다.

어린아이가 어떻게 해서든지 엄마와 가까이 있으려 하는 것이 애착입니다. 애착은 생존을 위해 필수적이므로 매우 끈질깁니다. 엄마가 야단을 심하게 쳐도 아이가 도망가지 않고 오히려 더 엄마에게 들러붙는 행동을 본 적이 있으시지요? 애착은 인간의 본능적인 면입니다.

안정적인 애착이 생기면 비로소 아이는 탐험가가 될 수 있습니다. 기지를 세우고 기지에서 떠나 탐험을 하고 다시 기지로 돌아오는 탐험가처럼 아이도 엄마를 기지로 삼아 세상을 경험합니다. 그래서 적어도 세 살까지는 부모의 역할을 해줄 수 있는 누군가가 지속적으로 아이 옆에 있는 것이 좋습니다.

애착 관계의 중요성이 어른이 되면 사라질까요? 그렇지 않습니다. 애착 관계를 형성하던 어린 시절과 같은 방법으로 어른과 어른 사이에서도 애착이 이루어집니다. 볼비의 말과 같이 애착 경험은 '요람에서 무덤까지' 계속됩니다. 여자와 남자가 만나서 로맨스가 이루어지는 것도 아이가 엄마와 맺는 애착 관계와 별반 다를 바가 없습니다. 나는 그가 옆에 있으면 안전하게 느낍니다. 옆에 없으면 텅 빈 느낌이 듭니다. 그의 손을 잡으면 친밀감을 느낍니다. 서로의 얼굴 표정을 살피고 눈치를 봅니다.

어려서 애착이 형성되는 동안 상대 어른이 아이에게 보인 반응에 따라 성인이 되었을 때의 대인 관계가 영향을 받습니다. 어려서 애착 관계가 안정적이었던 사람은 그가 나를 떠날지도 모른다는 생각은 꿈에도 안 합니다. 만약에 아무 이유가 없는데도 그가 나를 사랑하지 않을 것 같고 결국은 나를 떠날 것 같아 늘 불안하다면 내 어린 시절을 돌이켜볼 필요가 있습니다. 아마 어릴 적에도 그런 불안을 느낀 적이 있었을 것입니다. 그런 사람들은 친구나 연인이 전화를 안 받거나 메시지 응답을 빨리 안하면 매우 초조해하고 하던 일조차 손에서 놓아 버립니다.

애착 이론과 더불어 중요한 정신분석 이론으로, 태어나서 세 살까지 일어나는 정신 발달을 세밀하게 기술한 마거릿 말러Margaret Mahler(헝가리 출생으로 미국에서 활동한 정신분석가)의 '분리 개별화separation-individuation 이론'이 있습니다. 이 이론은 태어나서 어머니와 관계를 맺고 독립해나가는 과정을 연구를 통해 밝힌 것으로 이 과정에서 문제가 있으면 커서 내가 누구인가 하는, 정체성의 장애가 옵니다.

우리는 다른 사람과 관계를 맺지 않고 혼자 살 수 없습니다. 사람으로 산다는 것은 곧 다른 사람과 관계를 맺는 것입니다. 어려서 제일 중요한 사람은 엄마입니다. 물론 부모를 대신했던 누군가일 수도 있습니다. 이 관계의 중요성을 강조하는 것이 '대상관계 이론'입니다.

자아 심리학은 욕망을 우선으로 치고 관계는 부수적인 것으로 봅니다. 반면 대상관계 이론은 관계를 우선으로 치고 욕망은 관계의 부산물로 봅니다. 대상관계 이론은 현대 정신분석학에 큰 영향을 주었습니다. 물론 여기서 말하는 '대상'은 의자나 책상이 아니고 사람을 말합니다.

대상관계 이론은 내 마음에 저장, 축적되어 있는 나에 관한 이미지와 남들에 관한 이미지가 왜, 어떻게 움직이는가에 관심을 둡니다. 그 이미지들이 개인의 정체성과 대인 관계에 영향을 준다고 보기 때문입니다. 그러면 나에게 대상관계의 문제가 있는지 없는지는 어떻게 알 수 있을까요? 나의 대인 관계를 살펴보았더니 정체성, 친밀감, 공감, 안전감, 믿음, 관계의 지속성 등이 삐걱거린다면 대상관계의 문제가 있다고 보아야 할 것입니다.

이제 출생 후 대상관계의 시작을 들여다봅시다. 갓 태어난 아이는 사람을 구별하지 못합니다. 고픈 배를 채워주는 따뜻한 무엇이 안으로 들어오고, 축축해진 어디인가가 갑자기 뽀송뽀송해지는 감각적 경험을 통해 내가 아닌 다른 누군가가 있다는 것을 알게 됩니다. 이러한 것들은 기쁨과 만족을 느끼게 하는 좋은 경험입니다. 반대로 생리적 욕구가 제때 충족되지 않으면 그것은 분노와 좌절을 느끼게 하는 나쁜 경험입니다.

이런 식으로 경험이 쌓이면서 나에 대한 이미지와 대상에 대한 이미지가 마음에 쌓입니다. 그리고 그 이미지들은 분노, 슬픔, 불만족 같은 부정적 느낌이나 기쁨, 만족과 같은 긍정적 느낌과 연결됩니다. 아이가 예측 가능한 포근한 환경에서 자라면 풍부한 좋은 경험과 약간의 나쁜 경험을 하게 됩니다. 엄마가 때로는 나를 야단치기도 하지만, 나를 사랑하는 사람이라는 것을 통합하여 이해할 수 있습니다.

반면 하나의 존재 안에 다른 이미지를 통합하지 못하면, 나중에 어려움을 겪습니다. 어려서 다른 사람과 내가 맺은 관계는 도장 자국과 같이 내 마음에 남습니다. 세월이 흘러 그 자국의 선명함이 퇴색돼도 완전히 없어지지는 않습니다. 남아 있는 자국은 그림자가 되어 다른 사람들과의 어울림에 계속 영향을 줍니다.

사람들과의 관계는 여러가지 색을 띱니다. 관계 맺음에서 경험하는 이미지를 나에 대한 호감과 비호감, 지원과 비난, 인정과 무시처럼 중간색이 없는 검은색과 흰색의 두 가지로만 저장한다면 삶이 답답해집니다. 항상 둘 중에 하나를 골라야만 하는 틀에서는 잘못하면 자신을 자랑스럽게 받아들이기보다는 다른 사람이 나를 어떻게 받아들이는가에 온통 신경이 쏠려버리게 됩니다.

완전히 검거나 완전히 흰 '선명한' 인생은 없습니다. 건강하고 행복한 인생에는 검은색과 흰색의 중간인 여러 채도의 회색들이 필요합니다. 통합되지 않고 대립된 상태로 저장된 선명한 이미지들만 마음에 지니고 있으면 세상이 온통 갈등 구조로 보여 살기가 힘들어집니다. 내 마음이 언제나 싸움터라고 생각된다면 자신이 세상을 몇 가지 색으로 구분하고 있는지를 한 번 생각해보십시오. 내가 가지고 있는 마음의 색을 들여다보는 것, 그것이 정신분석이 우리를 치유하는 방법입니다.

자기 심리학은 하인츠 코헛Heinz Kohut의 작품이며 당연히 '자기self'라고 하는 개념을 이론의 중심에 놓습니다. 자기 심리학자들은 내가 느끼는 자존감이 내 욕구에 다른 사람들이 얼마나 공감하고 반응하는가에 의해 생겨나고 유지된다고 주장합니다. 자기 심리학 이론에서는 인간이 발달하는 과정이나 정신분석에 의해 일어나는 변화에서 성적 욕구가 그리 중요하지 않습니다. 오히려 분석가가 분석을 받는 사람의 주관적 경험에 공감하면서 박자를 제대로, 지속적으로 맞추는 것이 그 사람을 이해하는 데 아주 중요하다고 강조합니다. 그리고 '자기대상selfobject(자기의 일부로 스스로 경험하는 대상) 전이'를 치료 과정에서 활용합니다.

정신분석의 이단아처럼 나타난 '상호주관성 이론'은 전통적인 정신분석이 분석 받는 사람의 주관성만 드러나는 '1인 심리학'이라고 비판합니다. 상호주관성 이론만이 진정한 의미에서 분석 받는 사람과 분석가의 주관성이 서로 공유하고 소통하는 '2인 심리학'이라고 주장합니다. 그리고 소통을 위해 분석가 자신을 드러내는 것이 바람직하다고 말합니다. 이는 '분석가의 익명성'이라는 원칙에 어긋나는 것입니다. 분석가의 주관성을 드러내고 소통을 하는 순간 소통이 저해될 수 있습니다.

이렇게 현대 정신분석학은 지금 이 순간에도 다양한 이론의 유입에 힘입어 점점 더 흥미진진하게 발전해가고 있습니다. 21세기는 신경과학의 발전과 더불어 정신분석학의 세기가 되고 있습니다. 신경과학과 정신분석학을 접목시켜 인간의 정신을 이해하려는 '신경정신분석학'이라는 분야도 생겨났습니다.

두번째 이야기

무의식의 상처 이해하기

확실하지 못한 것을 견디지 못해요

살게 만드는 강력한 힘

잃어버린 편지가 되돌아오다

자기애의 상처가 흘리는 피

새로운 정거장에 선 것일 뿐

도망간다고 피할 수는 없다

나 자신과 하는 경쟁

•

두려운 것이 있다면 그저 피하고 살면 되지 않을까?
하지만 과연 언제까지 피할 수 있을까?
평생 도망자로 살지 않으려면 약간의 용기가 필요하다.

이제까지 마음을 들여다보는 정신분석 렌즈를 소개했습니다. 지금부터는 그 렌즈로 내 마음속의 말썽꾸러기들을 들여다보겠습니다. 그것들의 이름은 불안, 우울, 분노, 공포, 좌절, 망설임, 열등감, 시기심, 질투 등입니다. 전쟁에서 이기려면 적을 알아야 하는 것처럼, 마음에서 일어나는 전쟁을 극복하고 상처를 회복하려면 이 말썽꾸러기들과 친해지고 잘 알아야 합니다. 그래서 그들을 달랠 수 있어야 합니다. 이들을 달래기 위해서는 정신분석적인 이해가 필요합니다.

예를 들어 앞에서 습득한 정신분석 렌즈로 접근해 불안이라고 하는 감정을 살펴보면 예상과 달리 불안이 나를 도와주고 성숙하게 하는 고마운 감정임을 알 수 있습니다.

프로이트가 제안한 ‘신호불안signal anxiety’이란 말이 있습니다. 정말 멋있는 말입니다. 신호불안은 위험 신호를 보내는 기능이 있다는 개념입니다. 그러나 불안한 사람들은 불안에서 벗어나려고만 하지 무슨 신호인지 알려고 하지 않습니다. 우울, 분노도 마찬가지입니다. 왜 우울한지, 왜 화가 나는지를 헤집어보면 내 성격의 성숙을 위해 얻는 것이 많이 있는데도 말입니다. 부정적 감정들은 나를 깊게 이해할 수 있는 좋은 도구들입니다. 활용하지 않고 무조건 버리려 해서 결국 잘 쓰지 못하는 것이 정신분석가의 입장에서는 무척 안타깝습니다.

누구나 다 행복해지려고 애씁니다. 하지만 행복은 무지개입니다. 멀리서 보면 아름답게 보이지만, 빛이 물방울을 통과하면서 파장이 분리되고 반사되어 보이는 것일 뿐 실체는 없습니다. 무지개와 같은 행복에 너무 집착하는 것은 오히려 나를 행복하지 못하게 합니다. 행복은 상대적 감정일 뿐입니다.

'행복 추구 문화'는 슬픔이라는 정상적 감정을 제대로 체험하지 못하게 우리를 억압합니다. 슬픔과 고통을 느낄 줄 알아야 행복도 진정으로 느낄 수 있습니다. 그와 헤어진 후 슬프고 울적한 기분은 자연스럽게 풀어야 합니다. 슬프고 울적한 기분을 받아들이고 그 의미를 찾아야 합니다. 술이나 다른 무엇인가에 무리하게 기대어 그 기분을 없애려고 하는 것은 바람직하지 않습니다. 행복해야만 한다는 강박관념에서 벗어나야 행복해질 수 있습니다. 세상은 역설로 가득 차 있습니다.

chapter 5

확실하지 못한 것을 견디지 못해요 — 불안

태어난다는 행위는 불안을 최초로 경험하는 것이고,
따라서 출생은 불안의 근원이자 원형이다.

– 지크문트 프로이트

"몸이 여기저기 쑤시고 아프며, 심장이 터질 것같이 뛴다. 무슨 일이 당장 닥칠 것 같다. 신경이 곤두서고 불안해서 잠이 안 온다. 불안한 마음이 쉽게 사라지지 않는다. 왜 그런지는 나도 모른다. 손바닥에 땀이 고인다. 이러는 자신이 바보 같다."

누구나 이런 느낌을 가져본 적이 있을 겁니다. 바로 '불안'의 증세입니다. 우리는 '불안의 시대'에 살고 있습니다. 불안만을 전문으로 다루는 학술지도 있을 정도입니다. 불안은 누구나 느끼는 감정이면서 매우 복잡한 감정입니다. 아주 흔한 감정이어서 몸에서 열이 나는 것과 마음이 불안해지는 것은 동격이라는 말도 있을 정도입니다. 불안은 '마음의 열'입니다.

'불안'의 어원인 라틴어 단어 'angere'의 의미는 '목을 조르다'입니다. 불안하면 질식감 비슷한 것을 느끼고 심한 불안 증세 중에는 폐쇄공포증도 있으니 그럴 듯합니다.

불안을
몰아내려고만 하지 말자

덴마크의 철학자인 키르케고르Søren Kierkegaard는 불안을 '자유가 경험하는 현기증'이라고도 표현했습니다. 불안은 삶의 동반자입니다. 태어나서 세상과 헤어질 때까지 늘 곁에 있습니다. 때로는 은근하게 때로는 격정적으로 내 마음에 진동을 일으킵니다. 불안은 온통 내 자신에게만 사로잡히게 합니다. 불안이라는 단어의 뿌리에 충실하게, 불안은 마음만 불편하게 하는 것이 아니고 몸에도 영향을 크게 줍니다. 머리가 멍해지고, 어지럽고, 심장이 급히 뛰고, 가슴이 답답하고, 배가 아프고, 토할 것 같은 기분이 들기도 합니다.

불안은 내가 사랑하는 사람을 만나기 오래전부터 나와 같이 있었습니다. 내가 그를 보았을 때 내 가슴이 쾅쾅 뛴 것도 불안의 짓입니다. 내 얼굴이 빨개진 것도 그 녀석이 한 짓입니다. 내가 건네주는 커피 한 잔을 그가 받지 않으면 어떡하나, 그렇게 불안은 나를 휘젓고 다닙니다.

대부분의 사람들이 그래서 불안이라는 감정을 없애려고 전력을 다합니다. 불안을 잊으려고 다른 일을 합니다. 심지어는 항불안제 같은 약을 먹기도 합니다.

하지만 불안은 나를 행동하게 하는 큰 동력입니다. 그러니 불안이 찾아오더라도 불안한 감정을 내몰기 위해 너무 애쓰지 마십시오. 시험이 코앞에 닥쳤을 때 불안한 마음이 나에게 '서두르지 않으면 큰일 난다'고 재촉을 하기에 벼락치기 공부라도 하게 되는 것입니다.

공부를 안 하면 큰일 날 것 같은 불안은 내가 찬물로 세수하고 책상 앞에 앉아 책을 펴게 만듭니다. 그런데 불안이 지나치면 책이 손에 잡히지 않습니다. 이럴 때는 시험 자체가 불안을 일으킨다고 생각하지만 사실은 아닙니다. 시험에 연결되는 생각이나 느낌이 불안을 일으킵니다. 말하자면, 이번 시험을 잘못 보면 나는 좋은 학교에 진학을 못할 거다, 부모님께서 실망하실 거다, 선생님의 꾸중도 피할 길이 없을 거다, 친구들은 나를 우습게 볼 것이다, 이런 생각들이 꼬리에 꼬리를 물면서 점점 더 불안해집니다. 불안은 마음의 갈등에서 옵니다.

불안은 공포와 다릅니다. 불안은 주로 보이지 않는 것에 대한 것입니다. 공포는 마음의 갈등이 아닌 뚜렷한 외적 원인이 있습니다. 예를 들면 어두운 지하실, 많은 사람이 쳐다보는 무대 위, 좁은 엘리베이터, 위태로운 다리, 아찔하게 높은 곳, 날카로운 칼, 징그러운 벌레, 끔찍한 피 등이 공포감을 불러옵니다. 공포는 공포감을 주는 대상을 피하면 없어지지만 불안은 막연하게 느껴지는 감정이어서 다스리기가 어렵습니다.

불안하면 불편해집니다. 그래서 불안을 피하려고 합니다. 그렇지만 피하기가 마땅찮습니다. 왜 그러는지 알 수 없기 때문입니다. 불안할 때는 피하지 말고 차라리 불안한 마음을 천천히 들여다보아야 합니다.

불안은 내 마음이 보내는 신호입니다. 불안은 그 무엇인가가 모르지만 잘못되고 있다는 신호입니다. 위험에 대한 마음속 경고의 편지입니다. 불안을 물리치려면 나는 그 편지의 내용을 읽어내고 불안의 원인이 되는 갈등의 정체를 밝혀야 합니다.

또한 불안은 스트레스에 대한 반응입니다. 이때 말하는 스트레스는 밖에서 오는 것도 있지만 내 안에서 오는 것도 있습니다. 내 마음속에 잠자고 있던 불안의 불씨는 스트레스를 받으면 갑자기 걷잡을 수 없이 타오릅니다. 그것이 급성 불안입니다.

'만성 불안'은 불안이 습관이 돼버린 것입니다. 그럴 만한 이유가 없이도 막연히 불안한 상태입니다. 주변 사람들은 그런 나를 의지가 약하다고 생각합니다. 성실하지 않다 비난하기도 합니다. 억울한 소리를 듣지 말고 빨리 정신과 의사의 도움을 받는 것이 좋습니다.

정신분석으로 들어가보면 불안은 무의식에서 의식으로 올라오는 뭔가에 대한 반응입니다. 무엇이 올라오겠습니까? 가장 흔한 것은 성적 욕구나 공격성입니다. 문제는 초자아가 이를 받아들이기 힘들다는 점입니다. 반대되는 두 힘이 마음에서 부딪치게 되면 갈등이 생깁니다. 갈등이 있으면 불안해지고 불안은 불편한 감정을 느끼게 합니다. 그래서 방어기제를 출동시켜 처리하려고 합니다. 예를 들어 억압이라고 하는 방어기제를 활용해 불안한 느낌을 무의식의 세계로 다시 돌려보냅니다. 그 과정에서 다양한 증상이 만들어집니다. 불안 증상은 자아가 지르는 비명입니다.

불안에도 선후배가 있습니다. 아주 어리거나 자기 정체성이 흔들릴 때는 자신이 해체되어 사라질 것 같은 불안이 흔히 찾아옵니다. 회사로 치면 부도가 나거나 다른 회사에 합병될 것 같은 걱정입니다. 철이 좀 들면 부모나 대상을 잃을 것 같아 불안해합니다. 더 철이 들면 양심, 윤리, 도덕과 관련해서 자신이 벌을 받지 않을까 하는 불안이 생깁니다. 나이가 아주 많아지면 건강에 대한 불안이 늘 도사리고 있습니다.

존재의 불안도 있습니다. 인생이 허망하고 자기가 아무것도 아니라는 생각이 들게 되는 상태입니다. 존재의 의미를 깊이 있게 다룬 정신분석가는 빈 출신의 빅터 프랭클Viktor Frankl입니다. 그는 나치 시절 유태인 집단 수용소의 생존자로서 경험을 녹여 '삶의 의미를 아는 것'이 최악의 환경에서도 살아남을 수 있는 방법이라고 했습니다. 그는 고통 받는 삶이야말로 내 존재의 의미를 알 수 있는 기회라고 했습니다.

불안이 100퍼센트 나쁜 것만은 아닙니다. 불안은 나를 움직이게 하는 에너지 자원이자 삶의 의미를 깨달으라고 나에게 던져진 화두입니다.

걱정하는 일은 대개 일어나지 않는다

불안하면 걱정을 하게 됩니다. 우리는 누구나 걱정하며 삽니다. 걱정은 나쁜 게 아닙니다. 걱정은 문제를 해결하기 위해 하는 것입니다. 걱정해야 살아남을 수 있습니다. 그러나 도를 넘으면 그 걱정이 오히려 나를 무너뜨립니다. 사는 데 전혀 도움이 되지 않습니다. 걱정은 자신을 파괴합니다.

혹시 자신이 습관적으로 걱정을 많이 하는 사람인가요? 이는 걱정을 하는 동안은 오히려 덜 불안하기 때문입니다. 걱정을 하면 마치 불안을 통제할 수 있는 것처럼 느껴집니다.

자, 이제 중요한 것을 깨달아야 합니다. 걱정하는 일들의 대부분은 일어나지 않습니다. 좋은 소식이지요? 하지만 역설적으로 그것이 인생의 비극입니다. 걱정이 많은 사람들은 불안에 떨며 걱정을 했고, 그래서 뭔가 준비를 했기 때문에 그 일들이 발생하지 않았다고 우깁니다. 자신의 운명에 스스로 마법을 건 것으로 착각합니다. 일종의 주술적인 사고입니다.

이전 어른들은 점을 많이 보았습니다. 그리고 그 결과를 아주 심각하게 받아들였습니다. 엄청난 금액의 돈을 내고 부적을 받아와 집안 어딘가에 놓아두는 사람도 있습니다. 그리고 걱정하던 일이 생기지 않으면 부적의 덕이라고 믿습니다. 사실 걱정하는 일이 실제로 일어났을 확률이 미미한데도 말입니다. 그런데 꼭 나이 드신 어른들만 이러는 것이 아닙니다. 심심풀이로 보는 타로 카드, 신문에 나오는 오늘의 운세, 잡지 뒤에 나오는 별자리 운세 등. 자세히 보면 뻔한 것인, 아무 말도 아닌 것들에 나의 걱정을 기대고 잠재우려 합니다. 불안해서입니다.

이런 걱정이 신체적 건강으로 옮아가면 '건강염려증' 같은 걸 겪게 됩니다. 없는 병을 있다고 생각하거나 작은 병을 심각하다고 확신하는 마음의 병입니다. 건강염려증 환자는 이 병원, 저 병원 옮겨 다니며 온갖 진찰과 검사를 되풀이합니다. 이를 백화점 다니는 것에 빗대어 '의사 쇼핑doctor shopping'이라고 합니다. 이런 사람들은 사실은 마음의 병이 몸의 증상을 느끼게 하는 것인데 도리어 그나마 자신이 병원을 열심히 다닌 덕에 병이 크게 심해지지 않았다고 자신을 위로합니다. 이 병을 근원적으로 고치려면 환자의 마음에 숨어 있는 자기 비난, 죄책감, 벌 받고 싶은 욕구를 찾아야합니다.

걱정이 많은 사람들은 확실하지 않은 것을 참지 못합니다. 그 일이 일어나지 않을 것이라는 확실한 보장을 원합니다. 세상에 확실한 것은 없는데도 말입니다.

너무 걱정이 많고 불안해서 일상생활을 못한다면 독입니다. 걱정에 따른 불안은 이성과 판단을 마비시켜 의사결정과 행동을 제때 못하게 합니다. 삶이 '우유부단함으로 가득 찬 주차장' 신세가 됩니다.

그러나 무조건 걱정을 안 하려고 하면 사태는 악화됩니다. 걱정의 힘이 더 크게 자랍니다. 진심으로 걱정 되는 일이 있으면 차라리 행동을 하십시오. 그에게서 연락이 없으면 무슨 일일까 상상을 하며 걱정을 키우기보다는 당장 내가 먼저 연락을 해보는 것이 걱정의 늪에 빠지는 것보다 좋습니다.

평소 여러 가지 일에 걱정을 떨칠 수 없으면 차라리 매일 30분 정도 걱정하는 시간을 만들고 그 시간 동안 적극적으로 걱정을 하십시오. 걱정거리를 머리가 아닌 다이어리에 적으세요. 매일 걱정거리와 그 해결책을 나란히 글로 적어서 비교해보면 늘 하는 걱정의 정체가 명확하게 드러납니다.

그중에는 당장 내 자신의 힘으로 어쩔 수 없는 일들이 있습니다. 그것들은 즉시 머리에서 지우세요. 걱정할 수는 있지만 당장 해결책이 없는 것들은 뒤로 제쳐둡니다. 쉽게 해결할 수 있는 일들은 당장 해치우고 잊어버리면 됩니다. 어떤 걱정은 매일 적다보면 지루해져서 제풀에 없어집니다. 사소한 일에 목숨을 걸 필요는 없겠습니다.

죽을 것 같은 불안 : 공황

공황장애라는 말을 들어보신 적이 있으시죠? 불안이 심하면 공황 상태가 됩니다. 공황panic은 곧 죽을 것 같은 극도의 불안을 느끼는 것입니다. 시장에서 물건을 사던 중에 갑자기 가슴이 조여오고 숨이 차고 심장이 급히 뛰기 시작합니다. 심장발작인 줄 알고 허둥지둥 병원으로 갑니다. 그런데 진찰해봐도 별것이 없습니다.

영화배우 니콜 키드먼이나 킴 베이싱어가 공황장애를 앓았다는 것을 아세요? 영화배우가 그러했다니 얼마나 지장이 많았겠습니까. 그만큼 공황장애는 흔한 병이고 치료가 가능한 병인데 숨기면 쓸데없이 고생합니다.

공황은 불안과 달리 신체 증상이 아주 심한 것이 특징입니다. 공황장애는 스트레스와 밀접하게 연관이 있는데, 머리에 있는 '스트레스 관리' 시스템이 갑자기 오작동하는 것입니다. 예를 들어 마음이 불편하면 심장이 더 빨리 뛰는 반응에 지나치게 예민해지면서 두려움이 오고, 두려우면 심장이 더 빨리 뛰는 악순환으로 나타납니다. 스스로 덫에 갇히게 됩니다.

현실과 나를 잇는 끈이 약해지는 것이 불안이라면 공황은 그 끈이 잠깐 끊어지는 것입니다. 내가 여러 개의 끈으로 연결되어 움직이는 마리오네트 인형이라면, 불안은 끈들이 제 길이를 유지하지 못하고 늘어져 서 인형이 어설프게 움직이는 것과 같습니다. 공황은 끈이 끊어져서 인형이 전혀 움직이지 못하는 상태입니다. 공황은 내 존재의 위기입니다.

공황은 공포와 친하게 지냅니다. 공황 발작이 엘리베이터 안에서 왔다면 그 사람은 엘리베이터 공포증이 생길 것입니다. 이런 사람이 살 집을 구할 때 고층 아파트는 고려조차 되지 않습니다. 비행기를 못 타는 사람도 있습니다. 어떤 사람들은 백화점같이 사람들이 많은 장소에 가기를 두려워합니다. 지하에 있는 식당에서는 도저히 식사를 할 수 없는 폐소공포 증상을 호소하는 사람도 있습니다. 사회공포증이 있으면 남 앞에서 발표를 하는 것이 인생 최고의 고역입니다. 공중화장실을 사용할 엄두를 못 내서 집 밖을 잘 안 나가려 하는 사람들도 있습니다.

공포의 입장에서는 억울합니다. 불이 난 건물에서 서둘러 피하게 하는 것도, 깊은 물에 들어가지 않도록 조심하는 것도 다 우리를 보호하려는 공포의 역할입니다. 다만 모든 것이 그렇듯이 공포도 지나치면 문제가 됩니다. 공포를 일으키는 대상을 피해 다녀야 하니 사는 것이 엉망이 됩니다.

공포와 공황은 생활의 범위와 깊이를 엄청나게 축소시킵니다. 오그라든 생활로는 제대로 사람들을 만나고 즐겁게 살 수 없습니다. 고층 아파트 사는 친한 친구의 집들이에도, 수영장에도, 분위기 좋은 식당에도 가지 못하게 됩니다.

공황 발작이 오면 너무 힘들어서 피하기 위해 온갖 노력을 다합니다. (여기서 '발작'은 '증상이 갑작스럽게 나왔다'는 의학용어이지 간질하고는 전혀 무관합니다.) 당연히 공황이 나타나는 상황을 피하려 합니다. 좁은 공간이나 높은 장소 같은 곳에 있지 못합니다. 그러나 장소를 피하는 것만으로 해결되는 게 아닙니다.

공황이나 공포증으로 인해 대인 관계를 피하는 것을 수줍은 성격으로 오해해서 치료가 가능한데도 방치하는 수가 많습니다. 치료를 안 받으면서 증상에 집중할수록 증상은 무럭무럭 자랍니다. 혼자서 두려움에 집중하면 두려움은 커집니다. 그러지 말고 불안, 공황, 공포에 사로잡혀 내가 혹시 숨을 참고 있는지 살펴보세요. 대개는 숨을 참고 있습니다. 이때 숨을 들이마셔야 하나요? 아닙니다. 내쉬어야 합니다. 숨 쉬는 것은 단순 운동이지만 규칙이 있습니다. 숨을 내쉬어야 새 숨을 들이마실 수 있다는 아주 당연한 사실을 존중해주세요. 내쉬지 않고 들이마시기만 하려는 사람은 엘리베이터에서 다른 사람들이 내리기 전에 비집고 타려는 사람과 같습니다.

불안감에서 벗어나기 위해 술과 같은 것에 집착하는 것은 전혀 도움이 되지 않습니다. 그러다가 알코올 의존증이 되어버리면 문제가 더 커집니다.

불안, 공황, 공포는 나의 마음 안에 있는 것입니다. 내 마음 안에 있는 것은 아군이라는 사실에 집중해야 합니다. 토머스 에디슨Thomas Edison도 "걱정에서 구원되려면 술 마시지 말고 일을 하라"고 했습니다. 공황에서 벗어나려면 긍정적 생각을 하십시오. 공황 발작으로 죽지는 않습니다. 공황이란 정상적으로 우리에게 내재된 불안 반응이 과장되어 나오는 것뿐입니다. 말하자면 아군이 좀 '오버'하는 것입니다.

현대 정신의학에서 불안, 공황, 공포의 약물 치료는 긍정적인 역할을 합니다. 그러나 더 중요한 전략은 불안을 당분간 내 마음 속에 세든 사람으로 받아들이는 것입니다.

근본적으로 불안, 공황, 공포는 심리적 문제입니다. 뇌의 문제가 일부 있지만 심리적 이유로 심해진 경우에는 뿌리가 되는 심리적 문제를 찾아내야 합니다. 우선 인생이 장밋빛이어야 한다는 환상을 버리세요. '장밋빛 인생'이라는 말이 있는 것은 인생이 결코 장밋빛이 아니라는 역설입니다. 현실을 직시하고 문제를 받아들이고 해결책을 찾아야 합니다. 불안하다는 것은 자아가 나에게 불안의 원인을 찾으라는 메시지입니다. 이를 무시하지 않아야 합니다. 원인을 찾으려고 할 때, 많은 문제들이 풀립니다. 증상에만 집중하지 말아야 합니다.

chapter 6

살게 만드는 강력한 힘 — 공포

두려움은 생존에 절대 필요한 감정이다.

– 한나 아렌트 Hannah Arendt

사람들은 삶에 대해 아주 많은 이야기를 합니다. 반면에 죽음에 대해서는 말하기를 꺼립니다. 결혼식에는 즐거운 마음으로 가지만, 장례식에 가는 것을 달가워하는 사람은 없습니다. 감추고는 있지만 죽음에 대한 공포가 느껴지기 때문입니다. 평소에 사람들은 마치 자신은 죽지 않을 것처럼 행동하려 합니다. 이는 죽음의 공포에 대해 억압과 부정이라는 방어기제가 작동된 상태로 이해할 수 있습니다.

그러나 공포 자체를 완전히 버릴 수는 없습니다. 때로는 필요합니다. 공포는 구체적인 위험과 위협에 대한 반응입니다. 그 점에서 막연한 불안과 달리 공포를 느끼는 대상이 있습니다. 높은 곳, 닫힌 곳, 넓은 곳, 강이나 바다, 다리, 터널, 뱀, 거미, 바늘 등이 흔히 공포의 대상입니다. 심리적인 것으로는 거절당하는 것, 죽는 것이 있습니다. 친밀함이나 성공과 같은 긍정적으로 보이는 것에도 공포를 느낄 수 있습니다. 실패할 가능성이나 남들이 나를 조직적으로 따돌리는 것에도 공포를 느낍니다. 남들 앞에서 일어나 중요한 말을 해야 할 때 공포를 느끼기도 합니다. 다가오지 않은 미래도 공포의 대상이 됩니다.

공포는 태어나면서부터 내 마음의 기본 감정 세트에 이미 들어 있습니다. 음식점에서 세트 메뉴를 시키면 정해진 여러 음식이 순서대로 다 나오는 것처럼 공포는 내가 살아 있는 한 함께 있습니다. 나는 늘 공포를 느낄 준비가 되어 있습니다. 살아가면서 무서운 일을 자꾸 겪으면 공포 반응이 더 날카로워집니다.

공포는 우리를 움직이게 합니다. 두려움을 느끼면 맥박이 빨라지고, 몸에 땀이 나고, 스트레스 호르몬이 급하게 나옵니다. 순식간의 일입니다. 번지점프를 생각해봅시다. 낭떠러지 위에서 밑을 내려다보면서 공포를 느끼는 것은 정상입니다. 번지점프를 하기 전에 느끼는 공포는 흥분과 섞여 점프를 하고 땅을 다시 밟았을 때의 성취감을 높여줍니다.

번지점프 외에도 '안전이 보장된 공포 맛보기'는 많이 있습니다. 대표적인 것이 공포영화입니다. 많은 사람들이 현실 세계에서 경험하기는 너무 위험한 공포를 가상의 세계에서 즐기고 싶어 합니다. 그래서 공포영화는 경쟁력 있는 산업으로 자리를 잡았습니다.

공포영화들이 지속적으로 관객을 끌기는 쉽지 않습니다. 공포를 일으키는 장면에 관객이 익숙해지면 공포영화가 아니라 개그콘서트처럼 느끼기 때문입니다. 번지점프가 시시해진 사람은 다른 더 위험한 자극을 찾아 나섭니다. 마음에서 두려워하는 바로 그것을 함으로써 두려움을 방어하려 하는 '공포에 대항하는 방어counterphobic defense'가 작용을 그치지 않아서 입니다. 그러다가 불행하게도 사고를 당하는 일이 생기기도 합니다.

공포는
나를 믿지 못하는 데서 온다

공포 역시 어린 시절에 뿌리를 둡니다. 어린 시절에 고통을 받았던 경험과 비슷한 일을 당하면 다시 그런 고통을 경험할 것 같아서 느끼는 감정입니다. 어려서 높은 곳에서 떨어져 놀랐다면 어른이 되어서도 고층 빌딩에 올라갔을 때 속이 메슥거릴 수밖에 없습니다. 정신분석을 통해 이러한 전후 관계를 알고 이해하게 되면 증상이 줄어듭니다. 그러나 공포가 완전히 없어지기에는 방어기제가 아직 활발하게 작동 중입니다. 그래서 높은 곳에 올라가지 않으려고 여러 이유를 댑니다.

공포가 새로운 경험을 통해 극복되려면 시간이 걸립니다. 새로운 경험에서 성공을 해야 극복됩니다.

미래도 공포의 대상입니다. 미래는 경험해볼 수 있는 것도 눈으로 볼 수 있는 것도 아닙니다. 우리는 알 수 없는 것을 매우 두려워합니다. 과거의 쓰린 경험과 현재의 고난은 미래를 더욱 두려워하게 만듭니다. 미래가 공포의 대상이 되는 것은 현재의 내가 실수를 해서 미래를 망칠까봐 두려워하기 때문입니다. 실수를 하지 않고 사는 사람은 없는데도 말입니다.

어른이 되기를 두려워하는 것도 미래에 대한 공포입니다. 어른이 된다는 것은 책임을 진다는 것을 뜻하므로 아이같이 살려고 부모에게, 사회에 반항합니다. 나는 반항을 통해 힘을 얻습니다. 그렇지만 그 대신 내 성격이 성숙해질 기회를 잃습니다.

과거에서 배운 것을 토대로 현재를 조금씩 충실하게 살면 미래에 대한 두려움은 저절로 사라질 수 있습니다. 고통이 없으면 얻는 것도 없습니다. 이렇게 진리는 단순하지만 우리는 늘 단순한 진리를 제대로 실행하지 못해 어려움을 겪습니다.

공포 중에서 제일 흔한 공포는 무대 공포performance anxiety로 사회공포증social phobia의 한 종류입니다. 피아니스트나 연극배우가 무대에서 가슴이 뛰고 땀이 나서 공연을 못한다면 낭패입니다. 교수가 강의 시간에 교단에 올라가기를 죽기보다 싫어한다면 정말 난감할 것입니다.

이러한 무대 공포의 뒤에는 비판받을 것에 대한 두려움이 숨어 있습니다. 어려서 집에서 한 작은 일들이 어른들에게 인정을 받고 칭찬받는 것으로 끝났다면 아마도 무대 공포에 시달리지 않을 것입니다. 반면, 무대 공포는 늘 어른들이 나를 비난할 것을, 내가 시원치 않아서 나를 떠날 것을 두려워하며 살아온 결과입니다.

남과 가까워지는 것에 공포를 느끼는 사람이 있습니다. 나도 그와 가까워지고 싶지만 막상 가까워지면 그가 나를 통제할 것 같아서입니다. 가까워져서 그가 나를 자세히 알게 되면 나에 대해 실망하고 나를 떠날 것 같아서일 수도 있습니다. 성공하는 것에 공포를 느끼는 사람도 있습니다. "내가 이렇게 잘 나갈 수는 없는데"라고 느끼는 순간 공포가 밀려옵니다.

공포에서 벗어나는 유일한 길은 공포와 맞서 싸우지 말고 공포를 내 마음 안에 식구로 받아들이는 겁니다. 공포는 자연스러운 감정이고 건강한 반응입니다. 공포를 성취욕으로 바꾸면 그것을 이겨낼 수 있습니다. 공포를 공황으로 변질시키면 지는 겁니다. 우리는 항상 그 경계선에 있습니다.

공포를 느낄 때는 공포가 내 인생 전체에 번지는 것을 막고 마음속 한 구석에 잘 담아놓아야 합니다. 그리고 남은 힘으로 '지금, 이 순간'을 즐기세요. 혼자서 그렇게 하기 힘들면 친한 사람과 이야기하세요. 혹은 내가 느끼는 공포를 주제로 삼아 글을 써보는 것도 도움이 됩니다. 글로 써보면 그게 정말 죽음에 대한 공포인지 아니면 통제력을 잃을까 두려워함인지 그 정체가 드러납니다. 부정적인 감정은 다른 사람과, 또는 객관적 시각의 자기 자신과 나눌수록 약화됩니다.

공포는 나를 마비시킵니다. 그러나 아주 조금만 움직이도록 애써 보세요. 억지로 웃는 표정을 지어보세요. 공포감에 싸여 있더라도 미미한 행동을 통해 각도를 조금 바꾸면 탈출구가 보입니다. 공포는 두려움의 두려움일 뿐입니다. 혼자 힘으로 안 되면 정신과 전문의에게 치료를 받아보세요. 큰 도움이 될 겁니다.

정신분석에서는 공포를 이드와 초자아 간 갈등이 풀리지 않은 상황으로 봅니다. 어려서부터 갈등이 있었고 그것이 억압되었다가 공포를 느끼게 되는 대상으로 옮겨져서 공포증이 드러난다고 생각합니다. 결국 억압된 갈등을 찾아서 정리해야 공포증이 치료됩니다. 그 과정에서 방어기제의 분석도 필요합니다.

치료 과정에서 분석가는 공포로부터 나를 지켜주는 '수호천사'가 됩니다. 그가 나와 같이 있는 한 나는 공포를 느낄 이유가 없습니다. 그러나 이러한 전이 현상은 일시적으로 도움이 되지만 결국 방어기제의 해석을 통해 해결되어야 합니다. 분석가는 내 방어 시스템을 집요하게 파고듭니다. 나는 그동안 익숙하게 써오던 방어기제를 버리고 새롭게 적응하는 것이 싫습니다. 동시에 나는 분석가에게 버림받을 것 같은 느낌이 들고 우울해집니다. 그러면 정신분석에서는 그 버림받을 것 같은 느낌을 중심 토픽으로 삼아 분석을 진행합니다.

정신분석가는 분석을 받는 사람이 마음에 떠오르는 모든 것을 처음부터 숨기지 말고 이야기하기를 기대합니다. 소위 자유연상입니다. 그러나 쉽지 않습니다. 정신분석가에게 자신이 느끼는 긍정적 감정을 드러내면 너무나 창피할 것 같다는 공포가 있기 때문입니다. 그것이 성적 환상이라면 말할 것도 없습니다. 내가 분석가에게 느끼는 이러한 공포를 이해하면 내가 다른 사람들과의 관계에서도 비슷한 패턴을 반복하고 그로 인해 대인 관계의 어려움이 생긴다는 것을 깨닫게 됩니다. 분석이 진행되면 나는 나를 드러내는 것에 대한 수치심을 서서히 극복하게 됩니다. 남들 앞에서 나를 표현하는 것의 기쁨과 만족감도 경험하게 됩니다. 내가 나를 보아도, 남들이 보기에도 내가 편안해집니다. 자신감도 늘어납니다.

공포를 이겨내기 위해서는 왜 내가 그 공포를 느끼게 되었는지를 피하지 말고 직면해서 알아내야만 합니다. 알아낸 다음에 조금씩 그동안 회피하던 일들을 해나가야 합니다. 실수해서 넘어지면 일어나서 다시 하면 됩니다. 몇 번 실수한다고 해서 영원히 실패한다는 것은 아니니까요. "나는 지금까지 살면서 실패한 적이 전혀 없다. 단지 피드백을 받는 경험을 했을 뿐이다"라는 말을 읽은 기억이 납니다.

두려운 것은 그저 피하고 살면 되지 않을까요? 어떤 면에서는 맞습니다. 그런데 문제가 있습니다. 회피를 통해 내 잠재력을 묶어버리고 불행하게 살게 되는 부작용입니다. 내 회피 행동이 영양가가 있는지를 스스로 평가하고, 그것이 현명한 방법이 아니라면 다른 방법을 찾으려고 용기를 내야 합니다. 그렇지 않으면 신경증적 공포의 노예로 평생을 살아야 합니다.

chapter 7

잃어버린 편지가 되돌아오다 – 우울

나는 항상 내가 강해지고
자신감을 가질 수 있는 길을 내 밖에서 찾아왔다.

– 안나 프로이트

"앞이 보이지 않습니다. 완전히 바닥에 가라앉습니다. 손끝도 까딱하기 싫습니다. 희망이 없습니다. 인생이 가치가 없습니다. 매일 사는 것이 고통입니다. 세상이 공평하지 않습니다. 화가 납니다."

이런 기분이 드는 것이 우울입니다. 우울은 매우 불편한 감정입니다. 우울하면 우울에서 벗어나려고 자신과 싸웁니다. 쉽지 않습니다. 벗어나려고 온갖 힘을 다하지만 마치 모래함정에 빠진 사람처럼 빠져나오기 어렵습니다.

고단한 하루하루를 살다 보면 우물에 빠진 것 같은 느낌이 들 때가 있습니다. 우울한 사람에게는 모든 일이 부정적으로 보입니다. 우물 속에서 쳐다본 하늘은 500원짜리 동전 크기로 보입니다. 우물 벽은 물이끼가 끼어 미끄럽습니다. 도움을 청하고 싶지만 창피하기도 하고 어떻게 해야 할지 마음을 정할 수 없습니다.

병이라고 할 만한 심한 우울증은 정신과 전문의의 도움을 받아 치료해야 합니다. 심한 우울증은 굳은 의지만으로 해결할 수 있는 병이 아닙니다. 그렇지만 낫는 병입니다. 우울한 기분에서 빠져나오려고 혼자서 너무 애쓰지 말고 기운을 아껴서 치료를 받아야 합니다.

현대 정신의학에서는 심한 우울증을 뇌의 생화학적 균형이 무너진 병으로 파악하고 있습니다. 그래서 그것을 바로잡는 항우울제를 투여하는 것이 효과적인 치료로 자리 잡았습니다. 그렇지만 나에게 지금 우울증이 찾아왔다면, 왜 이 시점에서 그러한 일이 생겼는지 의미를 찾는 일을 약이 대신할 수는 없다고 보는 것이 정신분석학의 입장입니다. 우울의 의미를 스스로 찾을 수 없다면 정신분석가의 도움이 필요합니다.

우울한 것을 부끄러워 마세요. 우울은 흔해 빠진 증상입니다. 치료를 빨리 받으면 쉽게 좋아집니다. 문제는 일단 우울의 늪에 빠지면 치료를 시작하거나 주변 사람의 도움을 받는 것조차 엄청난 일처럼 크게 느껴진다는 점입니다. 정비 불량으로 시동이 잘 걸리지 않는 자동차와 같습니다.

정신치료나 분석의 도움으로 우물 밖에 나와 우물을 내려다보면 그 우물은 깊은 우물이 아닙니다. 기껏해야 사람 키 정도도 안 되는 깊이에, 오래전부터 말라 있어 물에 빠질 위험도 없습니다. 건강한 사람이라면 쉽게 오를 수 있는 정도입니다. 그 우물에 사람이 빠져서 도움을 청하고 있을 것이라고는 누구도 생각하지 못했을 것입니다. 우울증에 빠져 있던 나에게만 그 우물이 그렇게 깊게만 느껴졌던 것입니다.

'어쩔 수 없어'라는 태도

우울은 초자아의 작품입니다. 내 마음의 초자아는 늘 나를 야단치고 비난할 준비가 되어 있습니다. 방심하고 있으면 모든 것이 내 탓이라고 소리를 높입니다. 평소에 체력 단련이 안 돼 있던 내 자아는 힘이 약합니다. 그래서 항변도 못하고 초자아의 의견을 그대로 받아들입니다. 그래서 나는 슬프고, 의욕이 없고, 몸이 둔해집니다. 열심히 하던 일에 흥미를 잃고 혼자 있으려 합니다. 세상에 나를 이해해주는 사람은 아무도 없는 것 같습니다. 무인도에 혼자 남겨진 기분입니다.

우울하면 생각이 잘 돌아가지 않습니다. 집중력과 기억력도 떨어집니다. 식욕도 떨어지고 불면증도 와서 체력이 급격하게 저하됩니다. 몸과 마음이 모두 무기도 없이 전쟁에 나가는 처지가 됩니다.

우울한 사람은 자신이 가치 없다고 느낍니다. 내가 죄가 많고 모든 것이 내 책임이라고 자꾸 생각하게 됩니다. 사소한 실수를 하고 나서 마치 큰 사고를 저지른 것처럼 힘들어합니다. 다른 사람의 말에 매우 예민하게 반응합니다. 평소 그냥 지나갈 이야기도 심한 비난으로 받아들입니다. 그러니 다른 사람과의 관계가 점점 나빠집니다. 피해의식이 심하면 의심증도 생길 수 있습니다.

그런데 우울은 왜 생겨나는 걸까요? 흔히 우울은 상실에 대한 반응입니다. 상실이란 잃어버리는 것입니다. 친구, 애인, 돈, 기회, 성취감, 행복, 명예, 자존심 등등 잃어버릴 수 있는 것은 아주 많습니다. 현실이든 상상에서든 무엇을 잃어버렸다고 생각하면 화가 나면서 나를 미워하게 됩니다. 그러면 우울해집니다. 나를 너무 미워하게 되면 자살이라는 극단적 방법으로 내가 나를 죽입니다. 남에게 향할 공격성의 화살이 방향을 정반대로 돌려 자기 자신에게 꽂히는 것입니다. 상실감을 덜 느끼기 위해 조금만 어려운 일이 있어도 "어쩔 수 없어"라고 미리 포기해버리기도 합니다.

그런데 "어쩔 수 없어"라는 태도가 몸에 배면 우울증을 향해 스스로 걸어가는 셈이 됩니다. 사소한 일이 잘 안 풀려도 금방 "나는 원래 안 되는 사람이야"라고 단정 짓고 우울해합니다. 1,000원짜리 볼펜 하나 잃어버리고 몇 날을 안타까워하는 것과 같습니다.

어려서부터 세상을 부정적으로 보아 온 사람은 항상 일이 안 되는 방향으로 세상과 나를 바라봅니다. 그러다가 우울증에 걸립니다. 정신분석가 출신 아론 벡Aaron Beck이 만들어낸 인지행동 치료cognitive-behavior therapy에서는 나를 우울하게 만드는 '영양가 없는, 부정적이고 왜곡되고 과장된 생각'을 긍정적인 사고로 돌려서 우울증을 치료하려고 합니다. 인지 기능의 문제를 의식적으로 고쳐 행동과 증상을 변화시키겠다는 것입니다. 인지행동 치료는 사물을 단순하게 검은 것과 흰 것으로만 나누어 생각하는 흑백사고와 같은 꽉 막힌 생각을 고쳐서 우울증을 낫게 하는 것을 목표로 합니다.

예를 들자면 어떻게 세상에 나에게 100퍼센트 헌신적인 남자 친구와 100퍼센트 기대기만 하는 남자 친구, 두 종류의 사람만 있겠습니까. 헌신적인 줄만 알고 사귄 사람이 이기적이어서 우울증에 빠졌다면 상대가 아니라, 자신의 생각을 고쳐 우울증에서 벗어나야 합니다. 그런데 그렇게 해서 벗어나더라도 '흑백사고'와 관련된 뿌리는 여전히 남아 있지 않을까요?

그래서 정신분석은 인지행동 치료와는 달리 부정적인 생각을 가진 사람의 어린 시절까지 파고 들어가 갈등의 뿌리를 중심으로 다루려고 합니다. 치료 과정에서 인지는 물론이고 감정을 깊이 있게 활용합니다. 스스로의 부정적인 생각을 근원적으로 치유하고 싶다면 평소에 마음의 깊은 곳을 들여다보는 태도를 가지도록 해보세요.

병이라고 할 정도가 아니라면 우울하다고 느낄 때 그 속으로 차라리 들어가버리세요. 침잠沈潛하세요. 잠길 침沈, 잠길 잠潛이라는 말처럼, 깊이 잠겨보세요. 우울한 기분을 차라리 즐기려고 애쓰면서 자신에 대해 생각해보십시오. 우울은 우리가 생각의 늪에 잠기도록 도와줍니다. 지나간 세월, 현재, 그리고 앞날의 나에 대해 적어보십시오. 내 인생이 어떤 상태에 있는지 파악할 수 있는 좋은 기회로 받아들이세요. 그러나 너무 오래 잠겨 있으면 물속에 오래 있는 것과 같이 위험합니다.

우울 증상 역시 내 마음이 나에게 보내는 편지입니다. 너무 앞서 나가지 말고 이제는 좀 속도를 줄이면서 천천히 나와 내 삶을 성찰해보라는 경고이자 기회입니다. 내 자아와 내 초자아를 살펴보세요. 자아가 너무 약해진 것인지, 아니면 초자아가 너무 강해져서 내 스스로 나를 벌하고 있는 것은 아닌지 들여다보아야 합니다.

일부러
실패자가 되고 싶어 한다

미국의 작가 도로시아 브랜디Dorothea Brande는 "모두에게 자기를 망치려는 마음의 씨가 있다. 그것이 크도록 내버려두면 불행이라는 열매를 맺을 뿐이다"라고 했습니다. 그 말처럼 자기 자신에게 등을 돌린다면? 내가 나를 망가뜨림으로써 만족감을 느낀다는 것이 말이 되는 일인가요? 이성적으로 생각하면 전혀 말이 되지 않습니다만 무의식 세계에서는 말이 됩니다. 이는 프로이트가 주장한 죽음 본능과도 연결됩니다.

늘 실패만 하는 사람이 있다면 단순히 운이 없거나 주변 여건 때문이라고만 이야기할 수 있을까요? 자세히 들여다보면 스스로를 파괴하고 싶어 하는 무의식적 욕구가 있음을 알 수 있습니다. 내가 나를 미워하고, 내가 하는 일을 내가 실패로 이끌며, 상처투성이가 되는 것에서 놀랍게도 기쁨을 찾습니다. 그러다가 끝내는 내가 나를 돌이킬 수 없이 파괴합니다. 그런 사람들이 적지 않게 있습니다.

자기 파괴의 극단적인 예가 자살입니다. 자살이 얼마나 흔한 일인지 모르는 사람들이 많습니다. 각자의 삶을 살기 바쁘기도 하지만 자살이라는 단어가 풍기는 느낌 자체가 섬뜩해서 별로 알고 싶지 않아서 그렇습니다. 그런데 꼭 높은 곳에서 뛰어내리거나 약을 먹거나 목을 매거나 손목을 긋는 것만이 자살 행위가 아닙니다. 은근하게 숨겨진 자살 행위가 있습니다. 건강에 해로운 일을 꾸준히 또는 충동적으로 하는 것도 일종의 자살 행위입니다.

예를 들어 흡연, 폭음, 폭식, 약물 남용이 그러합니다. 자신에게 나쁜 줄 알면서도 그러는 것은 불안을 해소하려는 시도이기 때문입니다. 내가 나를 처벌한다는 의미도 있습니다. 벌 받는 괴로움을 통해 죄책감을 덜어내는 행위에서 얻는 만족감이 해로운 습관을 버리지 못하는 동기가 됩니다.

의식에서는 그러고 싶지 않지만 무의식에서 자꾸 나를 해치는 쪽으로 내가 나를 잡아당긴다면? 내가 나를 '자기 파괴'라는 이름의 감옥에 가두고 거기에서 벗어나지 못한다면 정말 끔찍하고 불행한 일이 될 것입니다. 인생의 '리셋reset'이 필요한 시점입니다.

그러나 쉽지 않습니다. 어떤 행동이 자신에게 해가 된다는 것을 뻔히 알면서도 계속 그렇게 합니다. 그리고 거기에서 기쁨을 느낍니다. 이를 피학증masochism이라고 합니다.

나중에 실패의 핑계를 대려고 무의식적으로 잘못된 선택을 하는 수도 있습니다. 잘해보려고 했지만 방법을 잘못 골라서 실패하기도 합니다. 경험이 부족하고 미숙한 사람일수록 흔히 그렇습니다.

자존심이 낮거나 자아가 스트레스를 받는 상태에서 자기 파괴적인 행동을 쉽게 합니다. 자존심이 낮다는 것은 나와 남의 관계에서 내가 편안하지 않다는 뜻입니다. 남이 나를 받아들이지 않으면 나라도 나를 아껴주어야 하는데 이상하게도 자기 파괴적 행동을 더 합니다. 그렇게 거꾸로 불행의 입구로 스스로 걸어 들어가는 것이 인간입니다. 스스로 선택한 술이나 약에 쉽게 빠져 인생을 망칩니다.

마음이 불안하거나 우울하면 자아 기능이 떨어져서 실수를 잘 합니다. 자기를 조절하고 통제하는 힘이 약한 사람도 그렇습니다. 운전 실력이 시원찮은 사람이 사고를 잘 내는 것과 같습니다. 적응력이 떨어져서 도로의 상황이 조금만 나빠져도 당황하다 잘못 대응합니다.

그런데 결국 내가 나를 사랑하고 아끼기 위해서는 우선 남이 나를 아낀다는 확신이 필요합니다. 이러한 확신은 어린 시절에 경험해야 합니다. 아이와 엄마의 관계에서 엄마의 포근한 이미지가 서서히 생겨 아이의 마음에 저장되면 아이는 엄마가 곁에 없어도 나를 아끼는 사람이 자기에게 항상 있다는 생각을 갖게 됩니다. 이것이 내가 나를 아끼고 사랑하게 하는 힘의 원천이 됩니다. 그렇지 않으면 자기 파괴적인 성향이 내 안에서 힘을 얻습니다.

보통사람들은 유명 연예인들의 자살을 두고 그 정도 위치에 올랐으면 죽을 이유가 전혀 없다고 생각합니다. 그런데 연예인이 명성을 얻으면 그의 입장에서는 자의식self-consciousness이 강화되고 예민해집니다. 그들은 남들이 계속해서 자신을 쳐다보고 있는 것을 압니다. 어느새 그 자신은 사라지고 남들이 보는 자신만 남습니다. 그들이 입버릇처럼 '공인公人'이라고 말하는 이유가 그것입니다.

공인이 되면 아주 소수의 사람하고만 어울리게 됩니다. 아무 데나 다니고 아무나 만날 수가 없습니다. 이렇게 활동 영역이 좁아지면 자의식은 더 상승됩니다. 자의식이 올라가면 스트레스에 취약해집니다. 악플이나 떠도는 소문에 아주 약해집니다. 스트레스를 잊기 위해 술이나 약에 쉽게 빠집니다. 그리고 정 힘들면 자신을 쉽게 버립니다. "명성의 뒤에는 도끼를 들고 나를 내려치기 위해 기회를 엿보는 자가 있다"는 말이 있습니다. 그자가 바로 자기 자신이 되는 것입니다.

완벽주의는
우울증을 더 악화시킨다

힘든 일이 있을수록 공부에 파묻히거나 일을 더 많이 하는 사람들이 있습니다. 이런 식으로 마음의 고통을 행동으로 가리며 사는 사람들이 의외로 아주 많이 있습니다. 그런데 이상하게도 그중 상당수의 사람들이 남의 눈에는 성공적인 인생을 사는 듯이 보입니다.

이렇듯 우울 성향이 강한 사람도 의지만 강하면 세속적인 성공을 할 수 있습니다. 사람들과 어울리는 시간을 줄이고 생활의 즐거움을 느낄 줄 모르면서 일에만 묻혀 살면 '공부하는 모범생', '일하는 기계'로 인정받고 자기 분야에서 어느 정도의 성과를 거둡니다. 그러다가 결국 마지막 순간에 무너집니다. 성공의 눈앞에서나 성공 직후에 겉보기에 아무 일이 없는데도 우울증에 빠집니다.

이들이 겪는 마음의 고통이 의외로 매우 큽니다. 이런 사람일수록 자존심이 강하기 때문입니다. 미국의 심리학자이자 경영자문가인 주디스 바드윅Judith Bardwick은 "일 중독자들의 자존심이 계란이라면 그것들은 모두 일이라고 하는 광주리에 담겨 있다"고 말했습니다. 이들은 전문가들의 도움을 받으려고 하지 않습니다. 그 이유로는 자존심, 수치심, 사회적인 체면 같은 것들이 있겠지만, 행복하게 사는 것이 왜 그런지 자신에게 어울리지 않을 것 같은 마음도 있습니다. 그런 사람들은 어려움을 겪는 것이 삶의 궁극적인 목표인 성향을 지니고 있습니다. 그런 사람들은 무너지는 과정에서 남의 도움을 받기 어렵습니다. '일하는 기계'인 그를 평소에 사람들이 싫어하고 경계해왔기 때문입니다. 정말 너무 외로운 삶입니다.

그러니 내가 성공을 했다고 해서, 돈 걱정이 없다고 해서 우울증 예방주사를 맞았다고 착각하면 안 됩니다. 우울증은 매우 흔합니다. 나를 꼭 피해간다는 보장이 없습니다. 우울은 상실에 대한 반응입니다. 성공을 향해 달려온 과정이나 성공을 통해 잃은 것이 있다면 얼마든지 우울해질 수 있습니다.

성공과 행복 모두를 가지려면 평소 성공으로 가는 길을 걸어가면서는 내가 맺는 '관계'에 신경을 써야 합니다. 관계란 사람하고만 맺는 것이 아닙니다. 내가 나의 과거, 현재, 미래와 맺는 정신적 관계도 중요합니다.

우울하면 나와 내 과거의 관계가 친밀해집니다. 온통 내 안이 과거에 대한 후회로 가득합니다. 우울은 현재를 제대로 살지 못하게 방해합니다. 우울은 내가 미래와 맺을 관계를 간섭하고 나섭니다. 미래가 고장난 텔레비전 화면처럼 찌그러져 보인다면 현재를 사는 것이 고통스럽습니다. 불확실한 미래는 어깨를 처지게 하고 의욕을 뺏어갑니다. 그러면 과거가 더욱 한탄스럽습니다. 악순환입니다.

과거를 자꾸 돌아보면서 현재를 소비하는 사람은 완벽주의의 덫에 빠진 것입니다. 완벽하기 위한 생각으로 시간을 다 보내면, 실패하는 경험을 통해 정작 중요한 것을 배울 수 있는 기회를 놓치니 설령 완벽해질 수 있다 하더라도 가능성이 사라집니다.

"진실로 날로 새로워지고, 날마다 새로워지며 또 날로 새로워진다"는 문장을 중국 은나라 탕왕湯王이 세숫대야에 새겨놓고 세수할 때마다 보았다고 합니다. 매일 더 좋아지는 방향으로 노력하는 것은 중요합니다. 그러나 완벽한 것은 세상에 없습니다. 완벽주의에 사로잡히면 팔다리를 묶고 뛰는 것같이 자유롭지 않아서 오히려 효율이 떨어집니다.

높은 곳을 지향하되 완벽주의는 버리세요. 그렇지 않으면 비참해집니다. 등에 지고 있는 완벽주의를 내려놓으면 더 가볍게 빨리 걸어갈 수 있습니다. 이룰 수 없는 완벽함에 매이지 말고 지금 내 힘으로 할 수 있는 것에 집중해서 실천에 옮기고 그것들을 차곡차곡 모으세요.

"나는 어떻게 해도 행복하지 않다. 그러니 마음도 몸도 그저 성공만을 향해 달려갈 뿐이다"라고 생각하는 사람이 있습니다. 그러나 세상에 절대적 불행은 없습니다. 나를 진정 아끼는 마음으로 자기 자신과 이야기를 해보십시오. 무엇이 그렇게 우울할 정도로 불행합니까?

한번 이렇게 해보세요. 한 장의 종이를 꺼내어 가운데 금을 그어놓고 왼쪽에는 가진 것, 오른쪽에는 못 가진 것을 적어보십시오. 생각했던 것보다 가진 것이 훨씬 많을 것입니다. 몸이 튼튼한 사람은 신체장애가 있는 사람이 평생 부러워할 대상입니다. 머리가 좋은 사람은 그렇지 못한 사람이 늘 감탄합니다. 가족이 없는 사람은 가족이 있는 사람을 정말 부러워합니다. 모든 것이 보기 나름입니다. 보는 각도에 따라 사물은 전혀 달라보입니다.

고독과 외로움을 구분하세요

고독孤獨은 '혼자 있어 외로움'입니다. 혼자 있는 이유는 다양합니다. 같이 있을 사람이 없어 혼자 있기도 하고, 스스로 혼자 있기를 원해서 그렇기도 합니다.

외로움은 참기 힘든 느낌입니다. 현대사회가 아무리 개인의 사생활을 강조해도 누군가와 가까이 있고 싶고, 연결되고 싶은 마음은 인간의 기본 욕구입니다. 그러나 같이 있으면 아무래도 간섭을 받습니다. 외롭지 않으면서 자유롭기는 어렵습니다. 거기에 갈등이 있습니다.

현명한 사람들은 '고독'과 '외로움'을 구분해 말합니다. 고독이란 '혼자 있는 즐거움'이고 외로움은 '혼자 있는 고통'이라고 합니다. 외로움은 덜어내야 할 감정이지만 고독은 추구해야 할 이상일지도 모릅니다.

고독은 사람을 강하게 만듭니다. 그러나 대가는 치러야 합니다. '혼자 있을 수 있는 능력'이 없으면 정말 힘듭니다. 그러기 위해서는 '내 안의 부모'가 아주 강해야 합니다. 남에게 매이지 않으면서 편안하기는 쉽지 않습니다.

외로움은 외로움을 낳습니다. 외로워하는 사람은 남을 불편하게 합니다. 그가 외로움을 해결하기 위해 끌어당기는 에너지가 너무 강해서 사람들은 그의 곁에서 떨어져 나갑니다. 그러면 그는 남들이 자기를 거부한다고 받아들여 절망하고 분노합니다. 어떤 사람은 그들에게 복수하기 위해 자살까지 생각하기도 합니다. 자기가 죽으면 그들이 슬퍼할 것이라고 생각합니다. 물론 따라 죽을 것 같이 애통해할 사람도 있겠지요. 그러나 시간이 지나면서 내 죽음은 바쁜 일상에 묻혀 잊힙니다.

흔히 외로움을 해결하는 방법은 사람을 곁에 두는 것입니다. 누군가와 함께 밤이 늦도록 밥을 먹고 술을 마시고 노래방에 갑니다. 그러면 행복할까요? 지친 몸에 밤이슬을 맞으며 아무도 기다리지 않는 집으로 돌아가지만 마음의 빈자리는 여전히 채워지지 않습니다.

외로움을 물리치려고 많은 사람들이 종교를 찾습니다. 종교의 진정한 의미는 신을 통해 내면의 자신과 만날 수 있는 것이어야 합니다. 그저 자신과 같은 종교를 믿는 사람들과 자주 만난다고 외로움이 쉽게 해소되지는 않습니다. 군중 속에서 얼마든지 외로울 수 있습니다. 그들 속에 있다고 그들과 같이 있는 것이 아니기 때문입니다. 사람들과 어울려서 외로움을 해결하려는 것은 독감에 걸렸을 때 열을 내리게 하는 약 같은 임시 처방일 뿐입니다.

외로움을 사회적인 계약으로 해소하려는 방법 중의 하나가 바로 결혼입니다. 결혼하면 외로움이 해소될 듯싶습니다. 그러나 결혼이 주는 안정감은 그리 오래가지 않습니다. 결혼이 주는 달콤한 향기가 영원할 수 없다는 사실을 받아들여야 합니다.

예전에 비해서 결혼에 대한 자기결정권은 커지고 있습니다. 결혼하지 않는 삶이나, 결혼해서도 아이를 낳지 않는 것에 대해서도 예전과 같은 부담감은 없습니다. 사회적으로도 결혼이 강제하는 결속력은 약해지고 있습니다. 이혼도 아주 흔한 일이 되어버렸습니다. '1인 가구'의 시대가 왔다고 합니다. 그러나 결혼을 하지 않기로 자신 있게 결정했다고 외로움이 자동으로 면제되지는 않습니다. 외로움을 고독으로 승화시켜 활용하는 능력을 키워야 합니다.

인간은 어차피 태어날 때부터 죽을 때까지 고독한 존재입니다. 결혼한 모든 사람이 적어도 평생 한 번은 이혼을 한다는 말이 있습니다. 백년해로를 서약하고 충실하게 따른 부부도 아내나 남편 중 한 사람이 반드시 먼저 죽기 마련이니 결국은 헤어진다는 뜻입니다.

그러면 외로움은 어쩔 수 없는 일일까요? 외로움은 타인과 나와의 관계라고 생각하지만 정신분석의 입장에서 보면 그렇지 않습니다. 외로움은 '내 속의 나'와 '현실 속의 나' 사이의 소통이 끊어진 상태입니다. 사람들을 만나 수다를 떨고 파티에 가서 술을 마시고 춤을 춘다고 해서 해결되지 않습니다. 텔레비전이나 영화에 빠져도 시간 때우기일 뿐 근본적으로 외로움을 해결할 수는 없습니다. 바쁜 척한다고 내 마음을 끝까지 속일 수는 없습니다. 끊어진 끈을 다시 이으려면 고독을 통해 접근해야 합니다. 고독은 격리된 삶을 말하는 것이 아닙니다. 자신의 내면을 들여다보는 여유, 능력, 재미를 말합니다.

고독 상태로 들어가 내 안의 나와 정면으로 만나서 대화를 하세요. 나의 삶이 어디에 와 있는지, 내가 사는 이유와 의미는 무엇인지, 삶의 기쁨은 무엇인지를 찾아보세요. 무엇을 두려워하고 있는지, 과연 그것들이 두려워할 만한 가치가 있는지, 정성을 들여 알아보세요. 가끔은 마음의 서랍 정리도 필요합니다. 고독은 인생의 속도를 약간 늦추는 일입니다. 우리는 고독을 통해 성장합니다.

남녀 관계에서도 진정으로 고독한 사람들이 만나야 오래 지속되는 진실한 관계를 맺을 수 있습니다. 점령국과 식민지가 아닌 독립국들끼리 외교 관계를 맺어야 관계가 원만한 것과 같습니다. 내 마음이 누구의 식민지라면 그와 평등하고 행복한 관계를 유지할 수 없습니다.

절망이 주는 폭발적인 에너지

절망이란 더 이상 바라볼 것 없이 '모든 희망의 신호가 끊어져 버린 상태'입니다. 내 속이 다 타서 없어진 것입니다. 절망한 사람은 주변을 잘 돌아보지 못합니다. 집중력도 떨어집니다. 제대로 된 결정을 내릴 능력도 없습니다. 인생의 위기입니다. 절망은 겉으로 무덤덤한 듯 보여도 속에서 부글거리며 끓는 유황 냄새나는 활화산과 같습니다. 작동하기 시작한 시한폭탄과 같습니다.

내가 원하던 사랑이 나에게 다가오지 않습니다. 사랑이 나를 떠났습니다. 절망의 그림자가 다가오는 것을 두려워하다가 이제는 내놓고 절망하는 신세가 되어버렸습니다. 간절히 바라던 것이 사라지면 절망의 늪은 더 깊어집니다. 나는 추락하는 나를 지키기 위해 부정의 방어기제를 출동시켜 '사랑 안 해!'로 급선회합니다. 그가 나를 떠난 사실을 받아들이는 것이 너무 괴롭고 고통스럽기 때문입니다.

나아가 절망에 깊게 빠지면 내가 나를 증오하게 됩니다. 한 걸음 더 나가면 내가 나를 죽입니다. '설마 그럴까'라고 의심하지 마십시오. 연예인들의 자살이 꼬리를 물었습니다. 성공과 대중적 인기 뒤에 숨어 있는 불안, 우울, 절망, 분노를 생각해보면 연예인들의 자살 성향은 앞으로도 달라지지 않을 것입니다. 절망을 겪은 평범한 사람들도 예외는 아닙니다.

절망에 빠진 사람은 힘이 없어 보이지만 절망이 지니고 있는 에너지는 가히 폭발적입니다. 절망에 따른 증오가 남에게 향하면 사람을 죽일 수도 있습니다. 연쇄 살인범이 그 예입니다. 절망에 빠진 그들은 자신을 스스로 포기하고 객관적으로 돌아보지 않습니다. 나를 절망으로 몰아넣은 사람에게 증오의 힘을 빌려 복수하려는 일념으로만 산다면 내 인생과 더불어 남의 인생도 어려워집니다. 그러나 복수라는 물건은 손가락 사이의 모래같이 잡힐 듯싶다가 잡히지 않습니다. 복수는 제대로 풀어내기가 불가능한 숙제입니다.

반면 폭발적인 증오의 에너지를 긍정적인 힘으로 돌린다면 생활의 활기와 자신감을 찾을 수 있을 겁니다. 영국의 수상이었던 벤저민 디

즈레일리Benjamin Disraeli는 "절망이란 때때로 천부적 재능만큼 강력하게 우리를 고무시킨다"라고 했습니다. 그렇게 절망에 따른 증오를 동력으로 삼아 꿋꿋하게 살아가는 사람도 있습니다. 자신이 겪은 치욕을 역사서 완성에 몰두하는 것으로 승화시켰던 중국의 사마천과 같은 역사적인 인물들의 이야기를 읽으려는 이유는 바로 그들이 절망을 동력으로 삼은 생생한 증거이기 때문입니다. 아무리 비극적인 일에도 다 동전의 양면이 있습니다. 삶이 바다의 밀물과 썰물처럼 희망과 절망이 연속으로 교차하기 마련이라는 사실을 받아들여야 합니다.

절망 중에 가장 큰 것은 아주 가까운 사람을 잃은 절망입니다. 미국의 정신과 의사 토머스 홈즈Thomas Holmes와 리처드 레이Richard Rahe가 스트레스의 무게를 저울처럼 측정하려고 만들어낸 '사회 재적응 평가 척도' 초판을 보면 결혼의 스트레스 점수가 중간 값인 50점인데 비해, 배우자의 죽음이 100점으로, 삶에서 겪는 스트레스 중에 제일 높은 값이 매겨져 있었습니다.

특히 죽은 이에 대한 비탄과 애도 감정은 아주 강력해서 가끔 죽은 사람을 따라 죽는 사람이 있습니다. 몸이 아니라면 마음으로라도 따라 죽습니다. 죽은 사람의 기일이나 생일에 심한 우울증에 빠지는 일은 흔한 증상입니다. 이를 가리키는 학술 용어도 있습니다. 그 이름은 '기념일 반응anniversary reaction'입니다.

죽음만이 우리를 떼어놓는 것은 아닙니다. 어쩔 수 없는 현실적인 이유로, 때로는 인간이 지닌 어리석음과 오해로 인해 헤어질 수밖에 없을 수도 있습니다. 실연의 상처는 생마늘처럼 아립니다. 이제 그 사람은 떠나갔습니다. 돌이킬 수 없는 사실임을 나도 알고 있습니다. 그래도 가끔은 길모퉁이를 돌아 나타날 것 같습니다. 내가 집에 없을 때 그가 찾아오면 허탕칠까 집 밖에 나가지 않으려 합니다. 전화기를 손에서 놓지 않으려 합니다.

실연에서 느끼는 절망감은 자기의 신체의 일부가 떨어져나간 것과 같습니다. 그리고 그 충격은 나를 혼란스럽게 합니다. 하루 종일 "그럴 리가 없어……"라고 스스로에게 말합니다. 눈물을 참기 어렵습니다. 눈물도 너무 많이 흘리면 더 이상 나오지 않습니다. 누군가가 위로하려고 옆에 다가오는 것도 싫습니다.

상실과 배신은 꼭 연인 사이에서만 있는 일은 아닙니다. 친구나 오래 믿었던 사람의 배신은 누가 그 사람의 이름을 들먹이기만 해도 아직 낫지 않은 상처에 소금이 뿌려지는 것처럼 고통스럽습니다. 다른 사람들이야 별 생각 없이 화해를 하라고 쉽게 말하지만, 그런 말을 들을 때마다 옛 상처가 터지고 벌어져 다시 마음의 피를 흘립니다. 그러나 나를 배신한 사람을 망치기 위해 내 시간과 힘을 쓰는 것이 복수가 아닙니다. 차라리 완벽하게 잊어주는 것이 제일 큰 복수입니다.

chapter 8

자기애의 상처가 흘리는 피 – 분노

인류 문명이 최초로 시작된 것은 화난 사람이
돌 대신에 단어를 던지면서 부터이다.

– 지크문트 프로이트

분노는 내 마음속의 호랑이입니다. 언제 '마음의 우리'를 부수고 튀어나올지 모릅니다. 영국의 시인 윌리엄 셴스톤William Shenstone은 "분노는 매우 큰 힘이다. 그것을 지배할 수 있다면 세상을 통째로 움직일 수 있는 힘으로 변환시킬 수 있다"라고 했습니다. 인간이 가진 감정 중에서 분노만큼 사람을 강하게 움직이는 힘은 없습니다.

화가 나면 교감신경계를 흥분시키는 스트레스 호르몬들이 급하게 분비됩니다. 심장이 빨리 뛰고 혈압이 올라갑니다. 공격과 방어를 위한 준비 단계로 근육에 힘이 많이 들어갑니다. 분노가 얼굴에 나타납니다. 화를 낼 수 있는 능력은 살아남기 위해 매우 중요합니다. 길에서 만난 불량배에게서 벗어나려면 분노의 에너지가 발산되어야 합니다. 일상생활에서도 화를 내거나 내는 척이라도 해야 남들이 내 말에 귀를 기울이고 따릅니다.

분노는 너무 참아도 너무 표출해도 좋지 않습니다. 너무 참으면 낮에는 몸의 증상으로, 밤에는 나쁜 꿈으로 나타납니다. 그러다가 병이 생깁니다. 이른바 울화병입니다. 반대로 분노를 전혀 참지 못하면 분노는 '고삐가 풀린 말'처럼 날뜁니다. 타인과 자주 쓸데없이 다투게 되고 관계가 나빠집니다.

화를 낼 만한 이유가 충분히 있을 때 화를 내는 것은 정상입니다. 분노라는 감정을 억지로 부정하거나 분노를 느끼지 않으려고 하는 것은 자연스럽지 못합니다. 그러나 화나는 감정을 반드시 행동과 연결할 필요는 없습니다. 그렇게 하다가는 나중에 스스로 가슴을 치며 후회할 일이 생깁니다.

물론 뒷일을 생각하지 않는다면 분노를 적극적으로 표현할 방법은 다양합니다. 머릿속에서 한번 상상해볼까요. 길을 가면서 주먹을 휘두른다고 생각해보세요. 사람들이 피해갑니다. 그러다가 성질 나쁜 사람을 만나면 시비가 붙고 혼이 나겠죠. 운전 중이라면 마구 경적을 울린다고 생각해봅시다. 속은 시원하겠지만 화가 난 상대방이 차를 세우고 항의하러 다가올지도 모릅니다. 화가 나면 뭔가를 집어던지고 싶지 않습니까? 잘못해서 창문이라도 깬다면 아마 고치는 것 때문에 애를 먹을 겁니다. 이런 방법 중에 아무것도 할 자신이 없다면 어떻게 해야 할까요?

분노를 표현하는 게 꼭 몸을 움직여 공격적일 필요는 없습니다. 자신을 공격적으로 튀게 하는 것도 방법입니다. 예를 들어 평소에 엄두도 못 내던 화려한 무늬의 원피스를 입거나, 엄청나게 튀는 색의 옷을 입고 나가보세요. 공격적인 형태의 장신구만으로도 큰 효과를 볼 수 있을 겁니다.

한때 텔레비전 드라마를 통해 한창 유행한 말, '엣지edge'가 면도날과도 연관이 있음을 아시나요? 면도칼의 날은 그냥 칼의 그것과 달리 보기만 해도 서늘한, 결정적인 느낌을 줍니다. 영국 작가 서머셋 몸Somerset Maugham의 《면도날》이라는 작품이 있습니다. 여기에서 면도날은 살면서 우리를 공격하는 인생의 무자비한 속성을 가리킵니다.

엣지와 공격성의 관련성이 이해가 안 되는 분은 아르헨티나 출신 화가인 루치오 폰타나Lucio Fontana가 빈 캔버스를 날카롭게 한 획, 한 획 찢은 그림들을 찾아보면 됩니다. 파괴를 통해 새로운 공간을 창출하고 미래와 소통한다는 의미가 있다고 하지만, 한편으로 정말 공격적으로 보입니다. 책과 그림 모두 공격성으로 가득 찬 전쟁에서 부상을 입은 경험을 표현하고 있습니다.

말도 날카로운 칼입니다. 남에게 상처를 주어서 내 분노를 달랠 수 있는 훌륭한 도구입니다. 최대한 위협적인 언어를 선택하십시오. 너무 위험하다고 생각되면, 상대방이 당황하고 싫어할 만한 농담도 됩니다. 나중에 문제가 되더라도 "그냥 농담이었어" 하며 넘길 수 있으니까요. 두 사람만 그 자리에 있었다면 나중에 문제가 되더라도 "내가 그런 말한 적이 없다"고 우기세요.

상대방 자존심의 아킬레스건을 찾아 적극 공략하세요. 그의 삶에서 자신감이 증발되어 날아가도록 전략적으로 행동하세요. 여러 사람 있는 자리에서 그를 민망하게 만드십시오. 그리고 그가 열 받아서 하는 이야기는 무시해버리세요. 정신과 의사가 이런 조언을 해도 되냐고요? 말은 칼이어서 당연히 위와 같이 하시라고 권고할 수는 없습니다. 상대방과의 관계가 돌이킬 수 없게 파탄날 겁니다. 행동으로 옮기기 보다는 마음 속으로 그렇게 하시면 일시적으로 마음이 정화淨化, catharsis되는 효과는 있을 겁니다.

'왜 분노하느냐' 보다 '어떻게 분노할까'에 주목하자

분노가 가득 차 있으면 정신건강에 좋지 않습니다. 분노는 판단력을 흐리게 하고, 의심을 키우며, 편견에 사로잡히게 합니다. 분노와 우울은 삶의 장애물입니다. 누구든지 자기 앞길은 확 트인 고속도로였으면 합니다. 자아실현의 길에서 울퉁불퉁한 걸림돌을 만나면 화가 나고 우울해집니다. 삶이 좌절된 길목에서 나를 지키기 위해, 좌절에 따른 수치심을 극복하기 위해 더 큰 분노가 터져 나옵니다.

화가 나는데 전혀 이유를 알 수 없다면 난처합니다. 그럴 때 사람들은 자꾸 외부에서 이유를 찾으려 합니다. 그게 쉬우니까요. 사실은 마음에 숨어 있는 이유를 찾아내야 분노를 조절할 수 있습니다. 그러나 나는 그렇게 하고 싶지 않습니다. 되도록 분노의 뿌리를 내 마음에서 찾는 일은 피하고 싶습니다. 허약한 내가 분노의 밑에 숨어 웅크리고 있음을 알기 때문입니다. 그래서 속죄양이 필요합니다. "종로에서 뺨 맞고 한강에서 눈 흘긴다"라는 말처럼 엉뚱한 사람을 찾아내서 화를 풉니다.

화를 내는 방법이 꼭 폭발적이지는 않습니다. 가랑비에 적시듯이, 은근히 남을 불편하게 만들 수 있습니다. 얼굴을 마주쳐도 말을 안 하는 것이 한 가지 방법입니다. 아니면 평소보다 일을 천천히 하거나, 급히 마쳐야 할 일을 뒤로 미루어서 같이 그 일을 하는 사람을 곤란하게 만듭니다. 일종의 '정속 주행' 파업입니다.

직장인이라면 프로젝트를 망쳐서 윗사람과 내가 모두 망하는 쪽으로 시나리오를 짜기도 합니다. 사소한 일에는 시간을 쓸데없이 많이 쓰고 중요한 일은 서둘러서 무시해버립니다. 그렇게까지 할까 싶지만, 사람들은 그렇게 합니다. 사람이 이기적인 동물인데 왜 자신을 망치면서까지 그렇게 할까요? 물론 자신도 모르게 무의식이 하는 일입니다. "분노하며 원한을 품는 것은 내가 독을 마시고 남이 죽기를 기다리는 것과 같다." 미국의 작가이자 배우인 말라키 맥코트Malachy McCourt가 한 말을 떠올리면 금방 이해가 될 것입니다.

소극적으로 화를 내는 사람은 비밀 요원처럼 움직입니다. 분노와 원한의 에너지를 차근차근 쌓아나갑니다. 등 뒤에서 들리지 않게 중얼거립니다. 상대방과 눈을 마주치지 않으려 합니다. 내 안의 분노를 상대방이 알아챌까 걱정하기 때문입니다. 기회만 있으면 그를 난처하게 만듭니다. 그에 관한 험담과 나쁜 소문을 퍼뜨립니다. 특히 인터넷은 그러기에 정말 편리한 도구입니다.

직접 힘들게 나서서 분풀이를 다 할 필요는 없습니다. 남을 부추겨서 그를 공격하게 합니다. 나는 뒤로 빠져서 그것을 즐깁니다. 그가 어려움에 빠져도 방관합니다. 때로는 축구장의 공격수처럼 따지고 몰아붙입니다.

전혀 다르게 할 수도 있습니다. 눈물을 흘리면서 그가 어떻게 나오는지 봅니다. 꾀병을 앓으면서 살펴봅니다. 일을 그르쳐놓고 "죄송합니다"를 연발해서 괴롭히기도 합니다. 이를 정신분석 용어로는 '피동적으로 공격성을 표현'한다고 합니다.

분노와는 아무 상관없어 보이는 방법으로 그에게 분노를 표현할 수도 있습니다. 그를 위해 헌신적으로 무리해서 일을 합니다. 그리고 너무 힘들어합니다. 그러면서 도움은 단호하게 거절합니다. 상대방을 죄책감에 아주 크게 사로잡히게 하고 싶기 때문입니다.

그 다음으로는 냉소적 회피라는 방법이 있습니다. 분노 표출에 전혀 힘을 쓰고 싶지 않으시다면 쿨한 방관자가 되어 보는 겁니다. 그가 큰일 났다고 땀 흘리며 문제를 해결하려 할 때 "그건 어차피 되는 일이 아니야" 하며 손끝 하나 까딱하지 않고 앉아 있으면 됩니다. 냉소적 회피의 뒤에는 뜨거운 분노가 숨어 있습니다.

그러면서 나는 어려운 상황이나 갈등은 최대한 피해나갑니다. 삶이란 원래 다 그런 것이고 갈등 상황에 빠져봐야 머리만 아프니까요. 회피하는 것이 최고의 선택입니다. 현실을 떠나 가상의 세계에 오래 머무를 수 있다면 분노의 감정을 숨기는데 도움이 됩니다. 그래서 사람들이 속상한 일이 있을 때 영화 감상이나 컴퓨터 게임에 몰입하는 것입니다.

한편 어떤 사람들은 강박적이고 완벽주의적인 삶을 살아가려 함으로써 분노를 수동적으로 표현합니다. 손을 깨끗이 자주 씻고, 옷을 완벽하게 깔끔하게 차려 입으며, 구두는 항상 반짝여야 합니다. 책상 위는 먼지 하나 없고 모든 물건들이 깔끔하게 정리되어 있습니다.

화가 많이 날 때 내 앞에 있는 물건은 그날 정말 재수가 없는 겁니다. 집어 던져질 테니까요. 당연합니다. 분노를 파괴적으로 표현하는 것 중 가장 강력하고 제일 심각한 것은 인간관계의 파괴입니다. 물건은 다시 살 수 있지만 인간관계는 돈으로 살 수 없습니다. "이제 우리 그만 만나자"는 돌이키기 어려운 말입니다. 그런데 많은 사람들이 관계를 단절하는 것으로 분노를 표현하려고 합니다. 그리고 이를 회복하려면 많은 희생을 치러야 합니다. 미성숙한 시각으로 관계를 보았기 때문입니다. 관계라는 것을 물건처럼 자신이 원할 때 원하는 방향으로 마음대로 정리하거나 복원할 수 있는 것이라고 여기기 때문입니다. 그러나 인간관계에는 분명히 나와 같이 숨 쉬고 생각하고 느끼고 행동하는 상대방이 있습니다. 그러니 아무리 화가 나더라도 그만 만나자는 말을 생각 없이 하면 안 됩니다.

가끔 정신분석 시간에 분석 받는 사람의 분노가 분석가에게 소나기처럼 쏟아집니다. 보통사람이라면 맞불을 놓는 식으로 화를 내야 하지만 수련을 받고 분석가가 된 입장에서는 그 사람의 분노의 의미를 찾기 위해 평정심을 지킵니다. 그때 분석가의 초점은 자신이 느끼는 화나고 불편한 감정, 즉 역전이로 옮겨갑니다. 그리고 해석을 시도합니다. 고된 수련과 경험의 축적이 필요한 일입니다. 이럴 때 분석가가 화를 내서는 안 됩니다. 그렇게 되면 당연히 정신분석적 관계는 깨어지고 치료는 중단될 테니까요.

마찬가지로 우리에게 필요한 것은 나의 무의식에서 올라오는 분노라는 감정을 평소에 잘 다룰 수 있는 방법을 익히는 것입니다. 화가 난다면, 그 감정을 의식의 세계로 불러올려 앉혀놓고, 내 마음의 대책회의를 해서 가능한 방법을 하나 하나 써봐야 합니다. 그것은 어떻게 하는 것일까요?

분노라는 무의식을 다스리는 방법

우선 화가 난 건지 아닌지는 마음과 몸을 살피면 알 수 있습니다. 얼굴이 벌겋게 달아오르기 시작한다면, 심장 박동이 빨라지기 시작했다면, 말이 갑자기 빨라진다면, 갑자기 빨리 걷기 시작했다면, 갑자기 서랍을 뒤집어 정리하기 시작했다면 화가 난 것입니다. 왜 화가 났는지는 금방 모릅니다. 일단 화를 가라앉히는 것이 좋습니다. 그러기 위해서는 깊게 숨을 쉽니다. 별거 아닌 방법 같지만 아주 큰 효과가 있습니다.

깊게 숨을 쉬기 위해서는 우선 숨을 내쉬어야 합니다. 숨이 차 있는데 숨을 들이쉬면 힘이 들어갑니다. 숨을 내쉬어야 새 숨이 들어올 공간이 생깁니다. 들이쉬는 숨은 세 박자, 내쉬는 숨은 다섯 박자 정도로 길이를 조정합니다. 그러면서 손발이 무겁거나 따뜻해지는 느낌을 상상하십시오.

그리고 내 안의 분노가 '호랑이'라면 우리에서 뛰쳐나온 호랑이를 일단 달래서 그 안으로 다시 넣는다고 머릿속으로 그림을 그리면서 상상합니다. 그 후에 우리 안에서 호랑이가 자신을 표현할 수 있도록 도와준다고 이어가십시오. 그것이 안전하게 분노를 내 안으로 끌어안는 방법입니다. 분노 역시 내가 만들어낸 내 마음의 자식입니다.

이제는 화를 낼 필요와 가치가 있는지 생각해봅시다. 화를 낼 필요가 있다면 평소 내가 화를 내는 방식 외에 다른 방식이 있는지도 생각해봅니다. 그리고 나서 상대의 입장을 짐작하려고 애를 써봅니다.

물론 당장 화가 났는데 상대 입장에서 생각하기는 대단히 어렵습니다. 그러나 되풀이해서 연습하면 몸에 뱁니다. 상대의 입장에 공감을 하려고 노력하면서 분노가 어디서 오는 것인지를 생각해보세요. 무조건 상대의 잘못이라고만 생각하지 마세요. 곰곰이 생각해보면 그의 말이나 행동이 내 안의 무엇을 건드려서 화가 난 것을 알 수 있습니다. 내 안의 그것이 무엇인지, 그것이 화를 낼 만한 가치가 있는지 생각해보세요.

그러고 나서 그 사람과 대화를 시작합니다. 이때 단어 선택을 정말 잘 해야 합니다. 처음부터 그에게 내가 화가 났다고 말하면 상대가 부담을 갖습니다. 일단은 내가 "마음이 불편해졌다"고 하세요. 그리고 기다리세요. 궁금해진 상대는 당신에게 무엇이 불편한지를 물어올 것입니다. 그러면 다시 좀 더 이야기를 하세요.

예를 들어 "당신이 이렇게 말을 (행동을) 했는데 나는 그것이 마음에 걸렸다"고 하면 상대가 어째서 그렇게 느꼈는지 되물을 것입니다. 이런 식으로 단계별로 천천히, 물속에서 양파의 껍질을 벗기듯이 진행을 해야 합니다. 그래야 갑자기 내 분노의 화산이 터지고 상대는 살기 위해 거기에 격렬하게 반응하거나 도피하는 '실패 시나리오'를 피해 갈 수 있습니다.

단어를 신중하게 선택하라고 해서 화나는 감정을 억지로 숨기라는 말은 아닙니다. 상대편에서 볼 때 이쪽이 화가 난 상태라는 것을 알 수 있어야 합니다. 상대가 둔한 사람이면 차라리 화가 난다고 담백하게 말하는 게 좋을 때도 있습니다. 그가 어떻게 생각할지 모른다고, 그의 반응을 보면서 말하려고 이야기를 빙빙 돌리지 마십시오. 그러면 내가 화난 것을 상대가 전혀 이해 못하고 내가 유별나다고 생각하면서 상황은 더 얽혀버립니다.

꼭 화를 내야만 한다면 그 방식을 잘 골라야 합니다. 좋은 방식과 나쁜 방식이 있습니다. 화를 내기 전에 내가 선택한 방식에 대한 모든 책임이 나에게 있다는 것을 확실하게 알고 있어야 합니다. 아무리 화가 난 일차적 책임이 상대방에게 있더라도 그에게 아무렇게나 화를 낼 권리는 나에게 절대로 없습니다. 내가 화를 내는 행위의 모든 책임은 나에게 있습니다. 그러니 가능하면 좋은 방식을 선택하십시오. 상대를 최대한 존중하면서 내가 화난 것을 우선 아주 간단하게 알리십시오. "나는 네가 나에게 이러이러해서 화가 난다." 그러고 나서 단계를 밟아가세요. 대표적인 나쁜 방식은 폭력을 쓰는 것입니다. 당연히 폭력은 폭력을 부릅니다.

화는 화를 일으킨 사람에게 직접 표현하세요. 그가 아닌 엉뚱한 사람에게 만만하다고 화를 낸다면 그 자체가 말이 안 됩니다. 나에게 화내는 사람이 한 명 더 생길 뿐입니다. 화가 난다고 약자를 괴롭히거나 먼 산 보고 있는 사람의 뒤통수를 치면 '공정거래법 위반'입니다.

나를 화나게 한 말이나 행동에만 초점을 맞추십시오. 상대의 성격,

과거에 섭섭했던 일, 그리고 그 사람의 가족과 같은 다른 사람은 거기에 끌어들이지 마세요. 길게 보세요. 화나게 한 일이 당장은 큰일같이 여겨져도 길게 보면 작은 일인 경우가 아주 흔합니다. 죽고 사는 일만 빼고는 '죽고 사는 일'이란 없습니다.

분노는 판단력을 흐리게 합니다. 분노의 함성 속에 진실은 왜곡되고, 부분적 진실은 진리로 등장합니다. 화가 나면 남의 말이 잘 안 들립니다. 적대감이라고 하는 아주 성능 좋은 필터가 마음에 생겨서 좋은 뜻의 말을 걸러 내거나 왜곡해서 나쁜 뜻으로 듣게 합니다. 그러니까 상대가 하는 말을 제대로 들으려고 의식적으로 노력해야 합니다. 용서하려는 마음을 그 필터에 덧씌우면 보정이 되어 도움이 됩니다.

분노는 봉합되지 않은 자기애의 상처에서 흘러나오는 진물입니다. 상대가 나의 가치에 상처를 주면 분노를 통해 자기애를 지켜나가려 합니다. 자기애란 내가 나를 사랑하는 마음이자 나의 가치에 대한 나의 사랑입니다. 자기애는 내가 항상 무대의 중심에서 화려한 조명을 받는 주연으로 남아 있기를 원합니다. 그렇지 않으면 불안, 수치심, 분노가 얼른 찾아옵니다. 사귀고 있는 연인과 식사하는 자리에 자랑하려고 친구를 데리고 나갔다가 연인이 그녀에게 보이는 관심 때문에 화가 난다면 자기애가 상처를 받은 것입니다. 세 사람이 모이는 자리는 늘 위험합니다.

정말 자신이 있는 사람은 화를 잘 내지 않습니다. 스스로 남보다 훨씬 더 우월한 존재라고 억지로 우겨 생각하는 사람들이 조금이라도 자존심에 상처를 받으면 불같이 화를 냅니다. 그 상처를 "나는 누구여야만 한다"고 늘 주장해오던 자아 이상에 대한 '선전 포고'로 여기기 때문입니다.

평소에 작은 성공을 통해 조금씩 자신감과 자존감을 쌓아놓으면 사실 화를 낼 일이 별로 없습니다. 그리고 남들을 그냥 그 사람들 자체로 받아들이면 그들에게 과도한 기대를 해서 화가 나는 일을 많이 줄일 수 있습니다. 내가 세상을 움직일 수는 없지만 내가 나를 움직일 수는 있습니다.

chapter 9

새로운 정거장에 선 것일 뿐 — 좌절

왜 우리는 끊임없이 세상의 모든 것이
우호와 믿음이었던 것처럼 행동하나요?
세상 어느 곳 어느 것이나 원래
돌발적인 증오와 추악함으로 가득 차 있는데도 말입니다.

– 안나 프로이트

인생의 중심에는 무엇이 놓여 있을까요? 나는 좌절이 아닐까 생각합니다. 우리는 살아가면서 무엇인가를 기대하고 그 결과를 경험합니다. 기대한다고 해서 다 이루어지는 것이 아니지요. 당연히 좌절이 뒤따릅니다.

좌절은 마음 흐름의 허리가 꺾이는 것입니다. 채우고 싶은 욕구의 흐름이 막히는 것입니다. 갖기를 바라지만 결국 그러지 못한 것입니다. 길을 가다가 돌아 나올 수밖에 없는 막다른 골목을 만난 것과 같습니다. 좌절은 우리를 슬프고 화나고 우울하게 합니다.

"앞길이 보이지 않는다. 최선을 다하며 살아왔다고 생각했는데 마치 앞이 막힌 캄캄한 동굴 속 미로의 한 가운데 혼자 떨며 서 있는 것 같다. 아무리 찾아 헤매도 나가는 길이 보이지 않는다. 마음에서 화가 치밀어 오른다. 왜 누가 내 앞길을 막고 있단 말인가." 이런 이야기가 낯설지 않으신가요? 좌절이란 이런 마음이 드는 것입니다.

인생에는 디딤돌도 있지만 걸림돌도 많습니다. 좌절은 걸림돌이 만들어냅니다. 이루고 싶은 것을 향해 걸어가다가 걸림돌에 치여 넘어집니다. 무릎에서 피가 흐릅니다. 그때 드는 기분이 좌절감입니다. 이루고 싶었던 것이 클수록 좌절은 깊습니다. 자신의 좌절감이 크다면 걸림돌이 큰 것이 아니라 내가 원했던 마음이 너무 간절했기 때문이라고 생각해보세요. 내 무의식을 들여다본다는 것은 바로 이런 것입니다.

좌절한 사람은 걱정이 많습니다. 걱정은 에너지를 헛되게 쓰게 합니다. 앞으로도 뒤로도 가지 않고 제자리에서 공회전하는 것입니다. 그러니 기운이 더 빠집니다.

좌절한 사람은 위험합니다. 자기 자신에게, 가족에게, 주변 사람들에게 시한폭탄과 같습니다. 현명하게 다스리지 않으면 좌절은 폭발합니다. 미국 대학 캠퍼스에서 가끔씩 일어나는 비극적인 총기 사건도 어떤 좌절의 결과입니다. 억압적인 부모 밑에서 자라면서 꼼짝달

싹할 수 없는 아이들은 자신이 느끼는 좌절을 동생이나 강아지에게 폭력으로 행사할 가능성이 높습니다.

내가 원하는 대로 삶이 풀리지 않을 때 스스로를 위로하는 가장 쉬운 방법은 '운명'을 끄집어내는 것입니다. "이건 운명이야." 이렇게 말해버리면 마음은 편해질지 모릅니다. 그러나 전혀 도움이 안 됩니다. 합리화라는 방어기제를 쓰는 것일 뿐입니다. 그런데 조금만 더 생각해봅시다. 정신분석학의 입장에서 보면 성격, 방어기제, 대처방식이 모두 운명에 해당됩니다. 타고난 것이라고 생각하는 운명은 사실은 어려서의 경험에서 시작되고 자라면서 스스로 굳어지는 것입니다. 그리고 그것을 무의식적으로 되풀이하면서 그 결과를 피동적으로 운명이라고 생각하는 것입니다. 그래서 '이게 내 운명'이라는 탄식은 늘 반복됩니다. 운명으로 받아들이면 내가 책임질 필요가 없으니 마음이 잠시는 편해집니다. 그러나 운명을 받아들일 수 없을 때는 어떻게 하나요?

운명을 바꾸고 싶은가요? 정말 운명을 바꾸려면 내 안에서 무의식적으로 반복되는 성격 패턴을 알아내서 그것을 치유해야 합니다. 그러기 위해서는 좌절감에 빠져 방 안에 틀어박혀 있지 말고 움직여야 합니다. 그래야 좌절로 인해 막힌 마음이 뚫립니다. 하다못해 칫솔을 들고 양치질이라도 하면서 일단 움직이면 좌절의 공회전에서 벗어날 수 있습니다. 고무풍선에서 바람을 빼는 것은 커다란 망치가 아니라 아주 작은 바늘의 끝입니다. 그러니 일단 작게 시작하면 됩니다.

좌절은 꼭 나쁜 것이 아닙니다. 살아가면서 겪는 적절한 수준의 좌절은 자아의 힘을 튼튼하게 기르는 데 크게 도움이 됩니다. 물론 단번에 엄청난 좌절을 겪는다면 다시 일어나지 못할 수 있습니다. 그래서 좌절은 발병은 피해가면서 면역력을 길러주는 예방주사같이 현명하게 경험해야 합니다. 현명하다는 것은 살면서 겪는 일들에 너무 일희일비 하지 않는다는 말입니다. 좋은 일이 생기면 좋고, 나쁜 일은 예방주사라고 생각하면 됩니다. 이것을 다른 말로 하면 바로 긍정적 사고positive thinking입니다.

정신분석은 좌절의 의미를 이해시키고 좌절을 견딜 수 있는 힘을 기르도록 도와줍니다. 그것은 성숙해지는 과정입니다. 실제로 정신분석 시간 중에 분석가는 분석을 받는 사람에게 많은 이야기를 하지 않습니다. 반면에 분석을 받는 사람은 마음에 떠오르는 생각이나 느낌을 고스란히 분석가에게 말합니다. 분석가는 주로 잘 듣는 데 집중합니다. 분석 시간에 너무 말을 많이 하며 자기 의견을 내세우는 분석가가 있다면 제대로 수련을 받았는지 의심해봐도 좋습니다.

분석을 받는 사람이 질문을 해도 대답을 하지 않거나 대답을 미루는 것이 분석에 도움이 된다고 판단하면 분석가는 그렇게 합니다. 그러니 질문을 한 입장에서는 좌절감을 느낄 수도 있습니다. 그런데 흥미로운 것은 이러한 좌절감이 내면의 성찰을 위해 근원적인 도움이 된다는 것입니다. 쉽게 들은 답변에 만족하기보다는 답을 듣지 못한 불만족을 더 철저하고 깊은 자유연상으로 연결시킬 수 있기 때문입니다. 그 과정에서 분석가에게 과거의 인물과 자신의 관계를 옮겨 대입해 느끼는 전이 현상이나 떠오르는 환상이 추가적인 도움을 줍니다.

분석 시간에 느낀 좌절감을 분석 시간 밖에서 느끼는 좌절감과 연결해 분석 받는 사람의 성격이나 갈등 구조를 더 명확히 해석해줄 수 있습니다. 그러니 언뜻 좌절이라고 하면 나쁘게만 들리지만 좌절을 치료 도구로 사용할 수도 있다는 말입니다. 이를 '적절한 정도의 좌절 optimal frustration'이라고 합니다.

좌절은 필요한 약입니다. 강한 칼을 만들기 위해 대장간에서 쇠를 달궜다가 식혔다 하는 과정을 되풀이하는 것과 같습니다. 좌절은 인생의 종말이 아닙니다. 새로운 출발점입니다.

chapter 10

도망간다고 피할 수는 없다 – 망설임, 열등감

볼 눈이 있고 들을 귀가 있는 사람이라면
인간이 비밀을 지킬 수 없다는 것을 확신할 것이다.
그의 입술이 침묵을 지킨다 해도, 그의 손가락 끝들이 재잘거리게 될 것이다.
밀고와 폭로가 그의 몸 모든 구멍에서 스며 나올 것이다.

– 지크문트 프로이트

망설임을 정신분석 용어로는 '양가감정ambivalence'이라고 합니다. 동일한 대상에 대해 동시에 두 가지 상반되는 감정을 느끼거나 태도를 보인다는 뜻입니다. 예를 들면 어머니에 대해 미움과 사랑의 감정을 모두 가지고 있는 경우에 쓸 수 있습니다. 양가감정을 가진다는 것은 무의식적인 것입니다. 우리가 일반적으로 이야기하는 일상생활에서의 망설임은 실제로 그 대상의 정체나 내용이 잘 파악이 안 되어서 의식에서 망설이는 것도 포함이 됩니다.

망설인다는 것은 움직이지 않고 제자리에 있다는 것입니다. 제자리에서 평안한 마음으로 있는 것이 아니고 불편한 마음으로 서성이는 것입니다. 가고 싶은 마음과 가서는 안 될 것 같은 마음, 두 가지 마음이 동시에 느껴지니 불편할 수밖에 없습니다. 누가 시켜서도, 강요해서도 아니고 스스로 그러는 것입니다. 결국 그러다가 기운을 빼고 제자리에 쓰러집니다.

망설임은 버릇입니다. 버릇이란 마음에 깊게 새겨진 것입니다. 고궁에 걸려있는 현판처럼, 집 대문 옆에 걸린 빛바랜 문패처럼 오랜 세월의 흔적을 지니고 있습니다. 익숙해서 저항 없이 받아들이고 쉽게 되풀이하는 것입니다. 망설임은 방해꾼입니다. 너무 망설이기만 하며 사는 것은 인생 낭비입니다. 그러나 약간의 망설임은 성숙을 위한 고통입니다. 전혀 망설이지 않으면 실수하기 쉽습니다.

완벽함이라는 함정에 빠지다

흐르는 물처럼 살려면 망설임을 측정할 수 있는 능력을 키워야 합니다. 그리고 왜 망설이는지를 알아채야 합니다. 왜 나는 망설일까요? 쉽게 알기 어렵습니다. 망설임이라고 하는 현상은 단순해 보이지만 생각보다 꽤 복잡합니다.

우리는 완벽하기 위해서 망설입니다. 자기에게 부족한 구석이 있다는 것을 받아들이기 힘들어서 내 마음은 나에게 말합니다. "너는 완벽해야 한다. 고로 완벽하게 준비가 되기 전에는 절대 움직이면 안 된다." 왼발이 나가려 해도 오른발이 말립니다. 그래서 늘 제자리에 서서 두리번거리기만 합니다.

남들은 앞서 나가는데 자기는 제자리에 서 있으니 불안할 수밖에 없습니다. 불편한 마음에 "준비만 되면 남들이 걸을 때 나는 뛰어나가 그들을 앞지르겠다"고 자신을 달랩니다. 그런데 여기에 함정이 있습니다.

걷거나 뛰기 위해서는 우선 넘어지는 것부터 배워야 합니다. 그래야 넘어지더라도 다시 일어날 수 있습니다. 그러다가 어느 날 나도 모르게 쉽게 넘어지지 않게 됩니다. 자신이 어떻게 걸음마를 배웠는지 금방 생각나지 않겠지요? 걸음마를 시작하는 아기들의 모습을 잘 생각해보세요. 뒤뚱거리며 겨우 몇 발짝을 걷다가 넘어져서 울고, 넘어지면 다시 일어나서 걷는 과정을 수없이 되풀이하면서 넘어지지 않고 걷고 뛰게 된 것입니다. 처음부터 완벽하게 걷거나 뛸 수 있었던 것이 아닙니다. 실수를 통해 조금씩 배워서 완벽해진 것입니다.

완벽하게 할 수 있도록 준비가 되면 행동하겠다는 것은 모순矛盾입니다. 어떤 창도 뚫을 수 없는 완벽한 방패나 어떤 방패도 막을 수 없는 완벽한 창은 애초에 존재하지 않습니다. 다만 완벽에 대한 소망, 환상, 때로는 망상이 존재할 뿐입니다.

이해는 합니다. 세상을 살아오면서 새로운 도전을 할 때마다 늘 결과가 나빴다면 매사에 망설일 수밖에 없겠지요. '새로운 도전 = 실패 100%'라는 공식이 마음에 새겨졌겠지요. 그 공식을 '새로운 도전 = 성공 가능성 50% + 실수 가능성 50% + 학습 기회 100%'로 바꾸어야 합니다. 실수를 통해 배워야 합니다. 실수를 통해 배우는 것은 자존심 상하는 고통스러운 일이지만 한편으로는 가장 쉬운 방법입니다. 한 번의 실수는 실패가 아니고 그냥 실수입니다. 방향을 다시 잡아주는 피드백입니다. 실수를 통한 배움이 삶 자체, 살아가는 과정이라는 진실을 받아들여야 합니다. 당연히 과정이 있어야 결과가 있습니다. 슈퍼맨이 아닌 이상 계단을 걸어서 올라가야 건물 옥상에서 좋은 경치를 구경할 수 있습니다. 처음부터 완벽하려 하면 삶의 중요한 문턱에서 머뭇거리고 머뭇거림은 곧 후회로 이어집니다. 계단조차 밟아보지 못했으니 경치 구경은 어림도 없습니다.

망설임이 항상 나쁜 것만은 아닙니다. 망설임을 권장하는 사회도 있습니다. 어떤 일들은 빨리 결정을 하면 오히려 위험합니다. 결과가 잘못되면 충동적이라는 비난을 받습니다. 처음 사회생활을 시작한 새내기 직장인이라면 '생각이 짧다'는 핀잔을 상사에게 듣고 눈물을 쏟을 수도 있겠지요. 오히려 남들이 하는 모양을 잘 살펴보고, 그대로 따라가보면 무슨 일이든 평균은 할 수 있을 겁니다. 그러니 필요할 때는 전략적으로 망설여야 합니다.

일단 무無의 세계로 들어가야 그 위에 유有의 세계를 세울 수 있습니다. 망설임이 기초를 다지는 방법일 수도 있습니다. 정신분석 시간에는 망설임으로 표현되는 양가감정을 통해 내면의 깊이에 도달할 수 있습니다. 예를 들어, 분석을 받는 사람이 아버지에 대한 절대적인 사랑만을 지나치게 이야기한다면 이것은 마음에 숨겨져 있는 아버지에 대한 미움을 드러내기 어려운 입장을 나타낸 것입니다. 의식에서는 사랑이, 무의식에서는 미움이 공존하면서 아버지에 대한 갈등이 숨겨져 있는 상태라고 할 수 있습니다. 이러한 갈등 구조를 분석하면 아버지를 통합적으로 바라보고 편안하게 받아들일 수 있게 됩니다. 양가감정이 오래된 갈등을 발견하고 해소하는 실마리가 된 것입니다.

팝콘 같은 심리,
열등감

나는 엄마 친구 아들이나 딸과 공부나 능력에서 비교당하는 것이 죽기보다 싫습니다. 그들이 어느 학교를 다니는지, 어느 회사를 다니는지, 연봉을 얼마 받는지가 나하고 무슨 상관이 있나요? 나는 정말 상관하고 싶지 않습니다. 부모 입장은 그렇지 않은가 봅니다. 그래서 그들의 이야기가 나올 때마다 부모의 얼굴을 살피게 되고 눈치를 보게 됩니다. 그 비교 대상이 남이 아니고 같은 집에 사는 형제일 경우에는 더욱 더 힘듭니다. 무슨 일이든 자신감 있게 하고 싶어도 자꾸 망설이게 됩니다.

망설인다는 것은 눈치를 본다는 것입니다. 물론 사람이라면 다른 사람의 눈치를 보고 삽니다. 내가 나의 눈치를 볼 수도 있습니다. 내가 나의 눈치를 본다는 것은 내 마음속에 자리 잡고 나를 관찰하고 있는 초자아, 자아 이상의 눈치를 보는 것입니다. 내가 세운 자아 이상과 내 자신감 사이가 서울과 부산만큼 떨어져 있다면 나는 엄청난 열등감에 시달립니다.

열등감은 어린아이의 발달 과정에서 중요한 개념입니다. 어려서 부모가 나를 대하는 태도가 너무 비판적이면 열등감의 싹이 자랍니다. 비판적이라 함은 어린아이라면 얼마든지 할 수 있는 실수를 부모가 관대하게 받아들이지 못하는 것입니다. 대개 부모 자신이 가지고 있는 문제가 원인이지요. 예를 들면 경쟁심 때문에 친척집 다른 아이들과 자기 아이를 비교한다든지, 부모의 완벽주의로 인해서 아이의 작은 실수도 용납할 수가 없는 경우입니다. 흥미로운 것은 이 역시 부모의 열등감에서 비롯되었다는 점입니다. 열등감은 세대를 이어 전해집니다.

또래에 비해 키나 체격 등에서 신체적인 차이가 있어도 열등감을 느끼게 됩니다. 내 생각에 나는 남처럼 능력이 뛰어나거나 멋있는 것도 아니고 사는 형편도 신통찮습니다. 그런 열등감이 의식의 세계로 올라오면 나는 괴로워합니다. 내 삶의 내비게이터가 정체성의 혼돈을 일으켜 '경로 재탐색'을 반복하면서 길을 잃고, 나는 내 인생의 목표를 향해 제대로 주행하지 못합니다. 아무리 기운을 차리려 해도 도

무지 해낼 자신이 없으니 움츠러들고 머뭇거립니다. 남들은 나와 전혀 달라 보입니다. 걷는 모습도 힘차고 눈빛에 자신감이 넘쳐납니다. 그 눈빛을 보면 내 열등감은 어느새 팝콘 기계 속의 옥수수 알처럼 부풀어 오릅니다.

열등감을 느끼면 얼굴이 달아오르고 어깨가 숙여지며 배와 허리에서 힘이 빠지니 키까지 줄어드는 느낌입니다. 나는 내 열등감을 저주합니다. 집 나간 자존심을 다시 찾았으면 좋겠습니다. 신문에 광고라도 내야 할까요?

특히 청춘의 자존심은 수시로 엎치락뒤치락 합니다. 우리 마음에는 자신감을 재는 측정기가 내장되어 있어 자신감이 부족하면 부족하다고 알려줍니다. 자신감은 마음의 연료입니다. 그러나 연료가 부족하다고 자동차를 버릴 수는 없지요. 열등감을 줄이고 자신감을 늘려가면 됩니다.

내 마음이 편안하고 남과 잘 지내기 위해서는 우월감과 열등감의 균형을 잘 조정해야 합니다. 우월감에 너무 빠지면 다른 사람을 객관적으로 보는 균형감을 잃게 됩니다. 열등감 때문에 남에게만 초점을 맞추면 어느 새 자신의 존재가 작아지고 삶의 궤도가 흔들립니다. 열등감이 심하면 자신을 평가절하하고 남의 칭찬이나 비판에 지나치게 예민하게 반응하게 됩니다. '보상작용'으로 오히려 남을 깔보는 태도를 취하기도 합니다. 남을 깔보는 것은 내 열등감이 상대방에게 투사되어 옮겨진 것입니다.

그런데 열등감을 꼭 성급하게 치료해야 할까요? 약간의 열등감 때문에 분발해서 원하는 바를 이룬다면 그 열등감은 본격적인 치료의 대상이 되지 않습니다. 그러나 심한 열등감 때문에 사회에 잘 적응하지 못하고 실패를 거듭한다면 당연히 치료를 해야겠지요.

열등감은 늘 지고 있는 등짐입니다. 때로는 그 무게가 목까지 조여와 숨쉬기가 힘듭니다. 그렇게 되면 열등감을 내려놓기 위해 하루하루 엄청나게 피나는 노력을 해야 합니다. 사람들을 피하기도 하고 때로는 공격적인 행동을 보이기도 합니다. 그 정도로 시달리고 있는데 치료를 안 받으면 점점 사는 것이 힘들어집니다.

치료의 핵심은 억압되어 있던 열등감을 의식의 세계로 불러와서 정신분석적으로 다루는 것입니다. '나를 알고 나를 받아들이고 진정한 내가 되는 것'에 초점을 맞춥니다. 전략적으로는 열등감의 의미 분석, 그동안 동원된 방어기제의 업그레이드 작업, 대인 관계 반복 패턴의 수정이 필요합니다. 나의 한계를 살펴보면서도, 그동안 눈길조차 주지 않았던 내 장점들을 인정하고 키워서 열등감의 근원인 단점을 장점으로 따뜻하고 포근하게 덮어야 합니다.

chapter 11

나 자신과 하는 경쟁
– 시기심, 질투

인간은 자신들이 생각하는 것보다 더 도덕적이다.
그리고 자신들이 상상하는 것보다 훨씬 더 비도덕적이다.

– 지크문트 프로이트

부러움, 시기심, 질투는 같은 동네에 모여 삽니다. 그중에서 우선 시기심을 살펴보겠습니다. 시기심은 '남이 잘되는 것을 샘하고 미워하는 마음'입니다. 미국의 저술가 해럴드 코핀Harold Coffin은 "시샘이란 내가 가진 것이 아닌 다른 사람이 가진 것을 세는 기술이다"라고 했습니다. 시기심을 느끼는 것은 정말 흔한 일입니다. 살다보면 누구나 자신의 마음 깊은 곳에서 밤거리의 네온 불빛처럼 시기심이 번쩍이는 것을 느낍니다.

'시기심'이란 단어는 모든 언어권에 있습니다. 인류의 본성입니다. 어느 배우가 영화에 출연해 받는 수억 원의 출연료나 어느 개그맨이 텔레비전에 한 번 나와서 웃기고 받는 거액의 출연료가 말이 안 된다고 생각하면 이미 나는 시샘을 하고 있는 것입니다.

시기심은 정신분석학에서도 중심 개념으로, 마음을 움직이는 강력한 힘입니다. 예를 들면 오이디푸스 콤플렉스, 형제간 경쟁sibling rivalry, 승화에서 시기심을 빼놓을 수 없습니다.

시기심은 비교에서 생깁니다. 나와 별 차이가 없다고 생각되는 남이 시기의 대상이 되면 시기심이 풍선처럼 부풀어 오릅니다. 그가 나와 달리 그저 운이 좋았을 뿐이라고 단정하기 때문입니다. 나는 그가 잘 나가는 것이 노력의 결과라는 점을 좀처럼 인정하려 하지 않습니다. 그러니 시기심은 세상을 제대로 읽는 균형감을 상실하게 만듭니다.

살아가면서 순간순간 내 마음은 쉽게 균형을 잃습니다. 시샘의 대상은 무한합니다. 흔한 것으로 돈, 젊음, 아름다움, 권력, 지능, 재능, 지식, 지혜, 행운 등이 있습니다. 그중에는 태어날 때부터 주어진 것도 있고 노력으로 얻는 것도 있습니다. 영어권 속담인 "은수저를 입에 물고 태어나다"라는 말 자체도 시샘의 표현입니다.

용모나 몸매를 둘러싼 시샘은 남자와 남자, 여자와 여자 사이에 흔히 일어납니다. 그것은 성적 매력과 밀접한 연관이 있습니다. 남자가 아름다운 여자를, 여자가 잘생긴 남자를 시샘하는 일은 드뭅니다. 남자는 아름다운 여자의 관심을 끄는 다른 남자를, 여자는 잘생긴 남자를 끌어당기는 다른 여자를 시샘합니다.

남성과 여성의 시기심은 다르다

남성의 시샘은 거칠고 어수룩합니다. 남성은 자신을 과대평가하고 환상의 영향을 많이 받습니다. 그래서 현실감 없게 골프 황제 타이거 우즈의 스윙 폼, 억만장자 빌 게이츠의 재산, 바람둥이 영화배우의 여성 편력을 시샘합니다. "어쩌면 나도 그렇게 될 수 있었을 텐데" 하며 남자다운 어리석음에 빠집니다.

여성의 시샘은 세밀하며 일상적인 것이 많습니다. 고급 식당이나 특급 호텔 로비에서 여성의 시선은 바쁘게 움직입니다. 남이 입은 옷과 들고 있는 가방의 브랜드를 즉시 파악합니다. 결혼하면 남의 부인과 나를, 남의 남편과 내 남편을 비교합니다. 아이가 생기면 남의 아이들이 내가 낳은 아이들에 비해 얼마나 공부를 더 잘 하는지가 시샘의 대상이 됩니다.

우리는 세상 모든 것을 다 가지길 원하지만 가능하지 않습니다. 한때의 젊음을 빼고는 모두 다 얻거나 지키기가 어렵습니다. 몸매나 용모도 그렇습니다. 아무리 아름다워도 스스로 감추고 싶은, 자신 없는 곳은 꼭 있습니다. 그래서 성형외과는 언제나 문전성시입니다. 그러나 결국 다 가질 수는 없습니다. 그런데 외모도 빼어나고, 좋은 학교를 졸업하고, 취직도 잘 한 친구가 있다면 시기하게 되는 겁니다.

부러움, 시기심, 질투는 내 인생의 동반자입니다. 뜨거운 피가 흐르고 감정을 느끼는 인간이라면 피할 수 없습니다. 어떤 사람이 자가용 없이 무더운 여름이나 눈바람이 부는 겨울에 대중교통을 이용하느라고 아주 고생하다가 생활비를 아껴서 겨우 중고 소형차를 샀다고 칩시다. 비록 작고 낡은 차이지만 구입한 첫날 아마도 자기 몸을 씻는 것보다 더 정성껏 그 차를 닦았을 것입니다. 너무나 행복하겠지요.

그 사람의 아침 출근길을 상상해봅니다. 정지선에서 진행신호를 기다리면서 왼쪽 오른쪽에 서 있는 다른 차들과 자기 차를 비교하기 시작한다면? 태어난 후 처음 구입해서 몰고 나온 '마이 카'의 행복은 금방 날아가버릴지도 모릅니다. 사람이 그렇습니다.

부러움, 시기심, 질투 모두 그 시작은 나에게 없거나 부족한 것을 남이 가지고 있다는 것을 알게 되면서부터입니다. 물건만이 아니고 장점, 경쟁력, 업적, 심지어 인생 목표나 꿈꾸고 있는 소망도 공격 대상이 됩니다.

엄밀하게 구분하자면 부러움, 시기심, 질투의 모습은 각각 다릅니다. 부러움은 그저 스쳐 지나갑니다. 예를 들어 발랄하게 떠들며 지나가는 여고생들을 보면서 "아 좋겠다. 나도 저런 시절이 있었는데"라고 하는 것은 잠시 떠올랐다가 사라지는 젊음에 대한 부러움입니다.

반면 시기심은 다릅니다. 쉽게 사라지지 않습니다. 남이 잘된 것이나 잘되는 것을 싫어하고 미워합니다. 시기심에 사로잡히지 않으려 하지만 그리 쉽지 않습니다. 시기심은 "나도 저 사람처럼 되지 않을 이유가 없지"라는 환상의 힘으로 광고에 나오는 '에너자이저 건전지'처럼 끊임없이 움직입니다.

약간의 차이가 시기심의 시동을 겁니다. 나도 감당할 만한 차이라고 느끼면 부쩍 시기심이 커집니다. 나와 비슷한 일을 하는 사람이 월급으로 100만 원을 더 받는다고 하면 시기심이 생깁니다. "나도 운이 좋아서 그 자리에 있었더라면 얼마든지"라고 생각이 흘러갑니다. 보통은 타인과 내가 가진 것의 차이가 아주 크면 시기심이 잘 생기지 않습니다. 그와 나를 비교해보았자 승산이 없고 시간낭비일 것이 뻔히 보여서입니다.

시기심은 지금 내가 가진 것을 활용하지 않고 내게 없는 것을, 아마도 영원히 내가 가질 수 없을 지도 모르는 것을 쳐다보면서 인생을 낭비하게 만듭니다. "남은 저런데 나는 왜 아니어야 돼?"라고 불평하면서. 내가 조금이라도 그와 비슷하게 되기를 진정 원한다면 부러움과 감탄으로 일단 끝내고 지금부터 자신만의 방법으로 노력해야 합니다. 물론 그런 긍정적 방향으로의 전환은 쉽지 않습니다. 변화를 위해 우선 시기심의 정체를 들여다봅시다.

나 그리고 남의 심리를 시기심으로 들여다보기

시기심은 평준화 전문가입니다. 내 수준을 높일 수 없으면 남의 수준을 깎아내리려 애씁니다. '시기심의 나라'에는 전망 좋고 편리한 고층 건물을 지을 수 없습니다. 모든 사람들이 똑같은 높이의, 똑같은 모양의 규격화된 이층집에 살아야 합니다. 내 집이 조금이라도 덜 좋으면 더 불만이 생깁니다.

"보인다. 그가 그것을 가지고 있다. 내게도 있었으면 좋겠는데 내게는 없다. 그에게는 그것이 어울리지 않아. 어째서 내가 못 가진 것을 그가 가지고 있는 거지? 그래서는 안 돼! 그것은 나에게 더 어울려! 세상이 그래서는 안 돼!" 이런 마음의 속삭임이 바로 시기심입니다.

시기심의 부정적 에너지는 남을 끌어내려서 나와 같은 정도로 만들려고 합니다. 그렇게 하면 기분이 좋아질 것 같지만 그러다가 자신이 먼저 죽을 수밖에 없는 함정입니다. 놀랍게도 사람들은 그 함정에 자주 빠집니다.

시기심에는 악의가 숨어 있습니다. 그 악의는 시샘을 당하는 사람에게 전달됩니다. 그가 억울하고 황당하게 느끼도록 만듭니다. 국가대표 수영선수 박태환이 베이징 올림픽에서 금메달을 딴 것을 "미국의 마이클 펠프스가 그 종목에 안 나왔기에 운 좋게 됐을 뿐이야"라고 말한다면 악의적인 거지요. 그 악의적이고 파괴적인 에너지는 시샘을 하는 사람에게 부메랑처럼 돌아갑니다. 그 사람의 성격을 거칠게 만듭니다. 결국 그 사람 옆으로는 사람들이 다가가지 않습니다.

남의 좋은 점을 본뜨려고 하는 것은 좋은 의미의 시기심입니다. 남을 해치려고 하는 것은 나쁜 시기심입니다. 내가 누구를 왜 시기하는지를 적어보면 지금 내가 누구이고 앞으로 무엇이 되고 싶어 하는지 알 수 있습니다. 그러나 시기심의 심리검사 판독은 그리 쉽지 않습니다. 시기심은 잠복해 있기 일쑤입니다. 게다가 변화무쌍하며, 변장술에 능해 찾아내기 어렵습니다. 시샘을 변장하지 않고 그대로 드러내면 옹졸하고 속이 좁다는 것을 사방에 광고하는 셈이니 당연히 그것을 숨기고 싶은 것입니다. 그래서 "너는 시기심이 많아!"라고 누가 지적하면 내 자존심에 큰 상처를 입고 그 사람에게 화를 벌컥 내게 됩니다.

남이 나를 시기하고 있는지를 알 수 있는 판독 기술은 다음과 같습니다. 우선 그 사람의 말을 자세히 들어보면 그 사람이 시기를 하는지 안 하는지 알 수 있습니다. 빈정대는 사람은 시기하는 사람입니다. 깔보는 사람은 시기하는 사람입니다. 지나치게 칭찬하는 사람도 시기하는 사람이기 십상입니다. 입발림 뒤에 시기심을 감추고 정반대 방향으로 공격하는 것입니다.

어떤 사람이 특히 시기심에 빠지기 쉬운지는 알기 어렵습니다. 어려서 사랑을 못 받고 자란 사람일까요? 사랑을 충분히 받고 자란 사람은 시기심이 없을까요? 어려서 사랑을 받고 만족스럽게 살아왔다고 시기심이라는 감정이 없어지지는 않습니다. 나를 절대적으로 만족시켜 주는 사람이 있다면 내가 그 사람을 시기할까요, 안 할까요? 거의 100퍼센트 시기할 것입니다. 내 능력으로는 그렇게 할 수 없기 때문입니다.

시샘은 어려서부터 마음에 깊고 단단히 뿌리를 내려 어른이 된 후에도 남과 나의 관계에 영향을 줍니다. 미국 작가 마크 트웨인Mark Twain은 "내가 이룬 성공 속에는 항상 나와 제일 친한 친구들조차 언짢아할 그 무엇이 있다"라고 했습니다. "가장 친한 친구가 겪는 불행한 일에서 우리는 싫지 않은 무엇인가를 느낀다"라는 무서운 말도 있습니다.

결국 실패하는 게임,
질투

질투는 부러움, 시기심보다 훨씬 더 강력한 감정입니다. 사람들은 질투와 사랑을 흔히 착각합니다. 영국 작가 로렌스 더럴Lawrence Durrell은 "눈이 먼 것은 사랑이 아니라 질투이다"라고 했습니다. '질투'는 '열정zeal'에서 나온 단어입니다. 예술가들의 열정과 그들의 작품에 포함된 열정의 표현을 무시할 수 없다면 질투에 대해 언급하지 않고 문학, 영화, 회화를 말하기 어렵습니다.

윌리엄 셰익스피어의 비극 《오셀로》를 보십시오. 이아고에 의해 마음에 질투심이 심어진 오셀로가 자기 부인 데스데모나와 부관 카시오의 관계를 의심하면서 어떻게 비참하게 무너지는지 생생하게 보여줍니다. 질투가 어떻게 세 사람의 인생에 영향을 주는지를 피부로 느낄 수 있습니다. 질투에 눈이 먼 오셀로는 이아고에게 카시오를 죽이라고 명령합니다. 질투에 사로잡힌 오셀로의 귀에는 데스데모나가 아무리 결백을 주장해도 그 말이 들어오지 않습니다. 결국 오셀로는 자신의 손으로 사랑하는 아내 데스데모나를 죽입니다. 이아고는 체포됩니다. 나중에 모든 진상을 알게 된 오셀로는 스스로 목숨을 끊습니다. 이렇게 질투는 염산과 같이 사람과 사람의 관계를, 그리고 관련된 사람들의 삶을 부식시켜 녹여버립니다.

하나의 감정에는 항상 앞과 뒤가 있습니다. 동전의 양면과 같습니다. 앞에 열광적인 사랑이 있다면 뒤에는 파괴적인 사랑이 숨어 있습니다. 질투는 파괴적 사랑의 메신저입니다. 사람들은 질투에 눈이 멀어서 세상이 용납할 수 없는 끔찍한 일을 대담하게 해냅니다. 가장 달콤하기 그지없던 연인 관계에서 상상할 수 없을 정도의 잔인한 일이 벌어지기도 합니다.

부러움이나 시기심이 주로 물질에 대한 것이라면 질투는 사람을 대상으로 합니다. 질투는 나에게 소중한 사람을 다른 사람이 빼앗을지도 모른다는 두려움에서 비롯됩니다. 아끼는 관계를 잃어버릴지 모른다는 두려움이어서 심하게, 때로는 폭발적으로 나타납니다. 그래서 질투는 다른 어떤 감정보다 행동으로 격렬하게 나타나는 감정입니다.

질투에 눈이 먼 사람과는 말이 통하지 않습니다. 이쪽에서는 한국어를 하지만 저쪽에서는 프랑스어를 하는 것처럼 단어와 문법이 전혀 다른 언어로 대화하기 때문입니다. 설득이 불가능합니다. 질투는 내 마음이 혼란함에 묶여 있는 상태입니다. 일종의 강박증입니다. 질투라는 강박증이 심해지면 그 사람은 첩보 활동에 준하는 행동과 모략을 가리지 않습니다. 질투를 색으로 표현한다면? 노란색 또는 녹색입니다. 노란색은 불륜의 색이기도 합니다. 셰익스피어의 《베니스의 상인》에는 '녹색 눈을 가진 질투심'이란 말이 나옵니다.

질투의 끝은 어떻게 될까요? 질투는 소중한 사람을 잃어버리는 고통을 피하려다가 결국은 실패하는 게임입니다. 질투는 소용돌이 폭풍과 같아 그 속에 서면 다치거나 실종됩니다. 질투가 실패로 끝날 수밖에 없는 이유는 내가 그를 갖기를 간절히 원하는 동시에 실패로 끝날 것을 미리 알고 두려워하기 때문입니다. 싸워서 그를 얻기 위한 무기로 쓰기에는 '질투'라는 무기는 역설적으로 너무 허약합니다. 질투란 처음부터 내가 희생자로 보이기 위해 필요한 도구일 뿐입니다.

"나는 질투에 사로잡혔다. 고통스럽다. 질투 때문에, 질투하는 나를 내가 탓하기에, 질투가 다른 사람을 해칠까 두려워서, 내가 질투와 같이 흔해 빠진 감정에서 헤어나지 못해서, 내 머릿속에 들어오는 끊임없는 생각에 내가 미칠 것 같아서 나는 정말 힘들다. 두 사람의 행동, 눈빛 하나하나 모든 것이 나를 질투에서 헤어나지 못하게 한다.

내 사랑을 통해 쌓아나간 그 사람의 얼굴과 몸, 자상함, 따뜻함이 그 동안 얼마나 내 마음을 감싸고 위안해주었던가. 이제 그것들을 모두 다른 사람이 가져가버린다면 정말 못 살 것 같다."

이런 생각을 하게 되면, 나는 안테나를 세우고 끊임없이 질투를 일으키는 대상의 일거수일투족을 살피게 됩니다. 마치 수사관처럼 작은 행동 하나도 그냥 지나치지 못합니다. 이렇게 질투는 질투하는 사람을 정밀분석관으로 만듭니다. 나는 내 소중한 사람과 내 경쟁자 사이에서 나누는 말과 하는 행동, 모든 것을 늘 관찰하고 의미를 알아내려고 애를 씁니다. 질투의 에너지 운동은 그것으로 멈추지 않습니다. 자기 생각과 행동도 치밀하게 분석하지 않으면 안 되는 감옥에 자기를 스스로 가둡니다. "왜 그 사람들은 그 시간에 그 곳에 있었을까?" 정도의 의문에서 끝나지 않고 "왜 나는 그 사람들에게 그렇게 말하고 행동할 수밖에 없었을까?"하는 자기 비난이 이어집니다.

질투는 내 마음을 밖으로 투사한 자석에 스스로 달라붙어 나를 자석의 힘에 포로처럼 맡기는 것입니다. 그 사람이나 내 경쟁자는 결국 아무 상관이 없는 사이일 수도 있습니다. 질투는 환상의 산물이기도 합니다. 그 환상에서 깨어나기는 정말 어렵습니다.

부러움, 시기심, 질투, 이 모든 것들이 비교에서 시작됩니다. 비교는 불행의 씨앗입니다. 돈의 예를 들어볼까요. 돈은 나에게 삶의 편리함을 보장해줍니다. 물론 돈이 있으면 없는 것보다 행복해질 가능성이 높습니다. 문제는 내가 가진 돈의 절대 액수에서 행복을 찾지 않고 남이 가진 것과 비교할 때 생깁니다. 다른 사람이 1년에 900만 원을 벌 때 내가 1,000만 원을 벌 수 있다면, 남이 1년에 2,000만 원을 벌 때 내가 1,200만 원을 버는 것보다 더 행복해합니다. 그렇게 비교는 사람을 어리석게 만듭니다.

텔레비전 드라마에 나오는 부유층의 생활은 지나칠 정도로 호사스러워, 인간이 물질적 풍요로움에서 누리는 만족감의 한계가 어디까지일까 하는 의문이 생깁니다. 물질의 풍족함에 대한 욕구가 끝이 없는 것이 인간이 지닌 보편적 문제입니다. 나보다 많이 가진 사람들과 자신을 비교하면서 불행하다고 한탄하면 계속 부정적 생각의 노예로 살아갈 수밖에 없습니다. 그리고 더 많은 돈을 모으기 위해서 내가 가진 다른 소중한 것들을 즐기지도 못하고 다 잃어버리게 됩니다. 그러다가 결국 불만족의 늪에 빠져서 헤어나지 못합니다.

'나보다 더 가진 자'에 대한 시기심이 지나치면 자기 마음의 탐욕에는 눈을 감아버리고 사회적 불평등에 집착합니다. 부의 균등한 분배에 열을 올립니다. 물론 사회적인 평등 의식은 중요합니다. 하지만 실제로는 아무 행동도 하지 않으면서 자신의 시기심을 가리는 알리바이로 그런 말을 즐겨쓰는 사람들을 숱하게 볼 수 있습니다.

시기심은 자신이 가지고 싶은 것을 남이 가지고 있을 때, 질투는 자신이 가진 것을 빼앗기지 않으려 할 때 나타납니다. 질투는 나의 것이라고 믿는 것을 지키려는 싸움입니다. 시기심은 남이 가진 것에 배 아파서 그것을 빼앗고 싶은 욕망입니다. 시기심은 시기를 하는 사람과 시기의 대상인 사람, 그 두 사람이 출연하는 2인극입니다. 질투는 질투하는 사람, 질투의 공격 목표가 된 사람, 그 두 사람이 서로 빼앗기지 않고 지키려는 사람이 등장하는 3인극입니다.

정신분석가의 입장에서 보면 부러움이나 시기심이 전부 나쁜 것만은 아닙니다. 부러워하기에 꿈꾸고, 꿈꾸기에 성취합니다. 시기심이 평등 의식과 민주사회의 탄생에 도움이 된다는 의견도 있습니다. 시기심은 촉매 역할을 합니다. 시기심은 세상을 다른 눈으로 다시 보게 하고 새로운 출발의 방향을 잘 세우도록 도와줍니다. 다만 긍정적인 변화를 통해 자신을 향상시킬 것인가 아니면 부정적인 노력으로 시기의 대상을 바닥으로 끌어내리려 할 것인가에 따라 결과는 아주 달라집니다.

시기심을 긍정적 에너지로 바꾸면 시기의 대상에 못지않게 발전하려는 의지가 생깁니다. 그것을 개인과 개인의 문제에서 벗어나 더 큰 무엇을 바꾸려는 힘으로 전환하는 것도 중요합니다. 예를 들자면 여성의 사회적 지위 향상을 위한 여성 운동도 "왜 남자들만?"이라는 '건설적인 의미의 시기심'이 출발점이었습니다.

보이는 것은 모두 시기의 대상이 된다

현대인은 자기애가 매우 강합니다. 자기만이 중요합니다. 남이 나를 피곤하게 하면 잘못은 남에게 있습니다. 그 사람의 성격이나 상태가 안 좋은 것으로 생각해버립니다. 내가 남을 피곤하게 하면 그것은 당연히 있을 수 있는 일입니다. 그렇게 하는 내 사정과 내 성격을 남이 당연히 이해해줄 것으로 기대합니다. 반면에 내가 힘들게 타인을 이해할 생각은 별로 없습니다.

자기애적 생각들은 쉽게 바뀌지 않습니다. 남의 입장이 아니라 내 입장에서 생각하면 편하기 때문입니다. 혹시라도 나한테 문제가 있을 가능성은 생각하기 싫습니다. 머리 아프게 그런 쪽으로 생각할 이유가 없습니다. 그러니 내가 가진 욕구와 기대, 내 성격의 유난한 점, 내가 세상과 남들을 보는 치우친 시각, 내가 서둘러 내린 결론은 두 번 다시 생각하지 않습니다. 그냥 그렇게 하고 싶지 않은 것입니다.

말썽이 생기면 내 문제가 아니고 남의 문제로 돌려야 부담이 없습니다. 그러나 이렇게 생각해서는 문제가 제대로 안 풀립니다. 손뼉도 마주쳐야 소리가 납니다. 문제가 있으면 남만 쳐다볼 것이 아니라 나 자신도 들여다보아야 해결책이 보입니다. 나를 들여다보는 일이 하기 싫다면 적어도 내가 무조건 옳다고 부추기는 사람들을 옆에 모으지 마십시오. 모든 것을 남의 탓으로 돌리는 나의 생각에 박수 치는 사람들을 모으면 모을수록 나를 들여다볼 수 있는 힘은 줄어듭니다. 그리고 남에 대한 내 편견은 눈덩이처럼 커집니다.

내 단점과 내 잘못을 찾기 싫으면 차라리 상대방의 장점을 찾아보세요. 적어도 한두 가지는 찾아낼 수 있습니다. 그것에서 출발해 그와 나를 큰 그림에 포함시켜 생각해보세요.

시기심과 질투가 모여서 우글거리는 곳이 사회입니다. 특히 직장은 그런 갈등이 넘쳐나는 곳입니다. 남녀 사이의 질투, 가족이나 친구 사이의 시기심은 사적인 영역이고 차라리 단순해서 누가 문제인지 금방 알 수 있습니다. 눈앞에 분명하게 보입니다. 그러나 직장에서 겪는 시기심이나 질투는 훨씬 더 복잡하고 교묘하게 숨어 있습니다. 해결하기도 더 어렵습니다.

직장에는 성격이 아주 다른 사람들이 모여 있습니다. '나'를 버리고 사는 일이 가능하다면 모를까 직장에서 갈등이 없을 수 없습니다. 내 안의 '나'는 살아 숨 쉬는 생물입니다. 밖으로 비집고 나옵니다. 그러다가 다른 사람 안의 '그'와 내 안의 '나'가 충돌합니다.

비교적 생활이 단순한 학생 시절보다 숨차게 뛰어야 하는 직장 생활에서 시기심의 활동은 더 활발해집니다. 직장 내 시기심은 평판, 승진, 포상, 임금 인상, 자격증 취득, 인맥 쌓기를 둘러싸고 일어납니다. '우리 집 귀한 자식'인 나를 제치고 다른 사람에게 기회와 혜택이 가는 일이라면 전부 다 시기의 대상이 됩니다.

직장이 시기심의 주요 무대인 이유는 무엇일까요? 공부만 하면 되는 학창 생활도, 즐기면서 하는 취미 생활도 아니고, 필요하면 '바닥도 기면서' 돈을 받는 일로 얽혀 있으니 직장에서는 스트레스를 훨씬 더 많이 받습니다. 직장에는 수직적 관계와 수평적 관계가 있습니다. 수직적 관계에서라면 무엇을 해야 하고 무엇을 하면 안 되는지 분명할 것 같지만 꼭 그렇지 않습니다. 윗사람이 아랫사람들을 경쟁시키기 때문입니다. 수평적 관계가 되면 경계가 더 흐려집니다. 다양한 관계에 둘러싸여 일을 하면서 마음과 마음이 부딪힙니다. 직장에서 있었던 일이 꿈에 나올 정도입니다. 살아남기 위해서는 하기 싫은 일도 하고 보기 싫은 일도 보아야 합니다. 이것을 그럴듯한 말로 '적응'이라고 합니다. 그럴 때 시기심은 직장 안에서 적응해나가면서 내가 배출하는 '배기가스'입니다.

직장에서 느끼는 시기심은 내가 남과 비교되어 내 자존심이 위협받을 때 잘 생깁니다. 그 싹이 은밀하게 움트고 돋아나는 것은 스스로도 눈치를 잘 못 챕니다. 때로 시기심이 그 모습을 분명하게 드러내면 수치심 때문에 놀라 얼른 파묻어버립니다. 다른 사람이 승진할 때 나는 하지 못하면 창피합니다. 남의 성공을 축하하지 못하고 시기하는 마음이 느껴지면 속 좁은 것에 대한 죄책감이 얹혀집니다. 설상가상입니다. 그래서 나는 내가 그를 시샘하고 있다는 것을 인정하지 않으려 합니다.

그러나 아무리 시기심이 안 보이는 곳에 파묻혀서 잠복해 있더라도 시기심은 시기심입니다. 시기심이 뿜어내는 유독가스로 직장과 나 자신이 그을립니다. 그러다가 시기심이 본격적으로 모습을 드러내면 정해진 시나리오를 따라갑니다. 시기심의 파트너는 열등감과 분노입니다. 열등감과 분노가 구석구석에서 목소리를 내기 시작하면 시기의 대상인 그도, 시샘하는 나도 모두 일을 편하게 할 수 없습니다. 극단적인 경우 못 참는 사람이 직장을 떠나야 합니다.

직장에서 들려오는 소식 중에서도 입사 동기가 먼저 승진했다는 소식은 정말 나를 놀라게 합니다. 놀라움은 시기심을 부추깁니다. 동기 사이의 경쟁은 같은 조건으로 같은 날 직장 생활을 시작했다는 점에서 매우 특별합니다. 출발점이 다른 사람들 간의 경쟁과 달리 현재의 차이점이 더 확실하게 비교되어 보입니다. 그래서 마음으로 받아들이기가 더 힘듭니다.

시기심이 긍정적으로 변형되면 자신을 발전시키지만 악의로 남아 있으면 남을 힘들게 하다가 결국 나를 해칩니다. 일생을 남과 나를 비교하며 시기심에만 묻혀 산다면 인생의 낭비입니다.

가벼운 시기심은 정상 반응입니다. 그러나 시기심이 너무 커지면 나를 집어삼키게 됩니다. 그러니 달라져야 합니다. 덮어놓고 시샘하기 보다는 시기의 대상을 동일화해서 나도 그렇게 되도록 닮고 배울 수 있습니다. 말처럼 쉽지 않습니다만 사실은 그렇게 안 해볼 이유도 없습니다.

그리고 내가 작동시키고 있는 시기심의 손익계산서를 따져보아야 합니다. 사람들은 시기심이 많은 사람을 위험하게 생각합니다. 가까이 두기에 아주 부담스러워 합니다. 자꾸 밀쳐내려 합니다. 그러니 내 마음에 시기심이 느껴질 때는 차라리 '통과'라고 자신에게 외치는 것이 남는 장사입니다.

결국은 내가 내 자신을 얼마나 인정하고 존중하는가의 자존감 문제입니다. 시기심에 매달리거나 시기심을 없애려고 인생을 낭비하기보다는 내 자존감을 높이는 쪽으로 나를 계발하는 것이 근본 처방입니다.

항상 다른 사람과 자신을 비교하는 것에 집착하며 사는 사람이 있다면 정신치료나 정신분석을 받도록 권하고 싶습니다. 치료를 통해 나를 외적 기준으로 비판하지 말고 내적 기준으로 키워가는 태도를 익혀야 합니다.

시기심이나 질투심을 지나치게 느끼는 사람이 정신분석가를 찾아오면 분석가가 과연 어떻게 치료를 하는지가 궁금하신가요? 요리책에 나오는 레시피처럼 칭찬은 몇 스푼, 비판은 몇 그램, 이런 식으로 말할 수 있다면 얼마나 좋겠습니까. 유감스럽게도 그것과는 거리가 멉니다.

정신분석가는 분석을 받는 사람이 시기나 질투를 느끼는 이유와 그 의미를 정신역동적으로 알아내려 합니다. 마음의 움직임을 살펴보고 이해해서 분석 받는 사람이 알도록 도와준다는 뜻입니다. 그러지 않고 표피적인 이야기를 옆집 사람이나 친구처럼 하는 분석가가 있다면 걱정이 됩니다. 분석가가 내 이야기를 잘 듣지 않고 나에게 자신의 의견을 일방적으로 제시하려 한다면 전혀 도움이 안 됩니다. '인생 상담'과 정신분석은 전혀 다른 문제입니다. 내 인생이 어디로 가고 있는지 몰라서 왔는데 나도 모르는 것을 어떻게 치료자라고 해서 금방 알고 방향을 지시할 수 있겠습니까?

정신치료나 정신분석은 짐작으로 움직이지 않습니다. 정신분석은 내가 말한 것에 근거해서 치료자가 나를 이해하고 이해한 것의 의미를 해석해서 나에게 되돌려주는 과학입니다. 귀 기울여 듣지 않는 치료자는 위험합니다. 그러니 혼자 있을 때도 자신의 내면의 목소리를 잘 듣는 연습을 꾸준히 하십시오. 그러면 길이 보입니다.

세 번째 이야기

타인을 찾아 끝없이 방황하는 무의식

자신을 너무 사랑하는 사람일수록 수줍음이 많다

우리와 나 사이에서

때로는 사소한 것에 목숨을 건다

가장 달콤한 무의식

복수하고 싶은 사람이 있나요

•

나의 무의식은 이유 없이 좋은 사람,
왠지 미운 사람을 나눈다.
그 기준은 어떻게 생겨나는 걸까?
그 기준은 바뀔 수 있을까?

인간은 사회적 동물입니다. 그래서 다른 사람을 만나지 않고 사는 사람을 자폐적이라고 합니다. 자폐적이란 현실과 담을 쌓고 자기의 내면세계에 들어앉아 있다는 말입니다. 그렇게 살면 사회성을 기를 수도, 친구를 사귈 수도 없습니다. 사람은 사람을 만나며 살아야 제대로 성숙하면서 살 수 있습니다. 그런데 너무 시선이 밖으로만 향해 있어도 문제가 생깁니다. 자신의 내면을 들여다볼 여유가 없어집니다. 다른 사람들에게 맞추기만 하고 자신의 욕구는 무시해버리는 삶을 살아서는 안 됩니다. 안을 들여다보는 것과 밖을 내다보는 것 사이의 균형이 항상 중요합니다.

인간이 사회적 동물이라는 말을 정신분석학적으로 풀면 늘 '대상을 찾으려object-seeking' 한다는 의미입니다. 여기서 말하는 '대상object'이란 의자나 책상 같은 물건이 아니고 사람입니다. 생각해보십시오. 갓 태어나서부터는 부모가 나에게 매우 중요한 대상입니다. 유치원과 초등학교 시절에는 선생님, 중·고등학교 때는 동성 친구, 대학생이 되면 이성 친구, 결혼하면 배우자가 내 인생의 중요한 대상입니다. 그런데 더 깊이 들어가면 내 마음에는 항상 이러한 대상들이 복사된 이미지들이 존재합니다. 대상으로서의 나를 내가 경험하고 쌓은 이미지가 '자기 표상self-representation'입니다. 내가 다른 사람들을 겪고 만들어낸 이미지는 '대상 표상object representation'입니다.

살면서 겪는 일들은 현실의 외적 대상들과 마음속의 내적 대상들 그리고 무의식, 전의식, 의식, 자아, 이드, 초자아가 전개하는 드라마의 연속선상에 있습니다. 내가 내 속에 있는 나의 부분들과 관계를 원만하게 가질 수 없다면 삶이 팍팍해집니다. 반대로 드러난 나와 숨겨진 내가 잘 연결된다면 내 삶은 윤택해집니다.

앞의 두 번째 이야기에서 무의식 속의 상처와 치유에 대해 이야기했습니다. 이러한 상처와 치유가 모두 나의 대상관계에서 나타나는 일임을 앞으로 이야기하고자 합니다.

불안, 우울, 분노, 공포, 좌절, 망설임, 열등감, 시기심, 질투 모두 내가 내 마음속의 자기 표상들과 맺는 관계, 내가 내 마음속의 대상 표상들과 맺는 관계에서 처음에는 상처로 나타나고 그것들이 아물면 치유된 흠집이 남습니다. 상처가 아물고 나서 얼마나 크고 깊은 흉이 남느냐는 그때그때 다릅니다. 결국 관계가 없는 상처는 없고 관계없이 아무는 상처도 없다는 말입니다. 그래서 오늘도 나는, 우리는, 그들은 대상을 찾아 관계를 맺으려고 분주합니다.

정신분석 시간에도 대상을 찾아 헤매는 행위는 계속됩니다. 나는 내 분석가와 나의 관계에 항상 신경을 씁니다. 그가 나에게 하는 말, 그가 내게 하는 행동은 물론 그의 기침 소리 하나가 나에게는 신호로 전달됩니다. 내가 방에 들어섰을 때 그가 나를 쳐다보았는지 아닌지, 그가 나에게 미소를 띠었는지 아닌지가 모두 다 나에게는 중요하게 느껴집니다. 어느 때는 정신분석가가 아버지처럼, 어느 때는 어머니처럼 느껴집니다. 그가 내게 연인처럼 느껴지면 얼굴이 달아오릅니다.

분석가는 이 모든 것을 통해 나의 현재를 이해하고 이해한 것을 나의 과거와 연결시켜, 흐트러져 있는 내 인생의 조각들을 맞추어 그 모습을 보려고 애를 쓰겠지요. 여러분 앞에 분석가가 있다고 스스로 상상해보세요. 그와 대화함으로써 내가 대상을 찾아 방황하는 현재는 내 과거를 비추는 거울이라는 것을 깨닫게 될 것입니다. 그리고 그 거울을 어떻게 닦아내느냐에 따라 내 미래가 달라질 것입니다.

chapter 12

자신을 너무 사랑하는 사람일수록 수줍음이 많다

수줍음은 이상한 자기애적 요소를 포함하고 있다.
그것은 우리가 어떻게 보이고 우리가 어떻게 하느냐가
다른 사람들에게 정말 중요할 것이라고 생각하는 믿음이다.

– 안드레 두뷰스 Andre Dubus

현대사회에서 단 하루도 낯선 사람을 만나지 않을 수 없습니다. 인간은 모두 태어나면서부터 낯선 사람을 경계하게 되어 있지만 유독 지나치게 예민한 사람들이 있습니다.

"나는 사람들 앞에 서면 가슴이 두근거려 견딜 수 없다. 아무리 진정하려 해도 멈추지 않는다. 얼굴이 홍당무처럼 달아오르고 식은땀이 난다. 사람들 앞에서 자기소개를 하는 것도 쉽지 않다. 더욱이 발표를 하거나 누군가에게 설명을 하는 일은 더 힘들다." 이런 경험들이 누구에게나 있을 겁니다. 어려서 잠시 낯을 가리는 것은 정상입니다. 하지만 어른이 돼서도 너무 낯을 가리면 관계에 문제가 생깁니다.

예민한 반응 중에 흔한 것이 수줍음입니다. 어려서 수줍어하는 것은 숨 쉬는 것 같이 자연스러운 현상이고 사람마다 차이는 있지만 어른이 되어서도 수줍음은 남아 있습니다. 지금 눈앞에 자신감에 넘치고 다른 사람들을 전혀 어려워하지 않는 듯이 보이는 사람이 있다면 그가 태어날 때부터 그런 것은 아닙니다. 그리고 그 사람조차 마음 한 구석에는 수줍음의 불씨가 살아 있습니다.

내가 얼마나 수줍은 사람인지를 알려면 나와 비슷한 사람과 비교해야 합니다. 텔레비전에 나오는 톡톡 튀는 개그맨과 자신을 비교하여 "나는 수줍어서 안 돼!"라고 지레 겁을 먹지 맙시다. 관객의 시선이 몰리는 무대에서 치열하게 경험을 쌓아온 사람과 보통 사람인 나를 어떻게 비교할 수 있겠습니까.

사회성 좋고 남 앞에서 발표 잘하는 사람들이 처음부터 그랬던 것은 아닙니다. 그 사람들은 남이 보지 않을 때 사회성과 발표력을 키우기 위해 꾸준히 노력합니다. 다른 사람을 만나면 써먹을 이야깃거리를 쪽지에 적어가지고 다니며 틈틈이 연습합니다. 노래를 잘 부르는 사람이 연습을 게을리하지 않는 것과 같습니다. 수줍음을 줄이고 자신감을 기르는 것은 운동 연습과 같습니다. 습관이 될 때까지 매일 연습해야 합니다.

취업 면접에서 떨어질까 걱정을 많이들 합니다. 면접관 앞에서 수줍어하며 질문에 대답을 제대로 못하면 당연히 떨어집니다. 그런데 걱정만 해서는 수줍음을 극복할 수 없습니다. 체계적인 훈련이 필요합니다. 기회가 있을 때마다 조금씩 작은 발표에서 성공을 거두어보십시오. 그러다 보면 자신감이 커진 것을 느낄 수 있을 것입니다. 잘 안되면 집에서 키우는 강아지 앞에서라도 반복해서 연습을 해보세요. 수험생이 아니라 면접관의 입장에서 문제를 내는 연습을 해보면 면접관도 인간이고 그를 두려워할 필요가 전혀 없다는 것을 알게 될 것입니다. 그러면서 내 마음속의 자기 표상을 더 긍정적인 이미지로, 대상 표상을 덜 비판적인 이미지로 업그레이드 할 수 있습니다.

수줍은 사람은 몸에 대해서도 공부를 해야 합니다. 누구나 스트레스 받으면 심장이 더 빨리 뛥니다. 그럴 때는 "아, 스트레스 때문이구나!"라고 당연하게 여기면 빨리 가라앉습니다. "무슨 큰일이 생겼나?"라고 걱정하면 심해집니다. 수줍은 사람은 심장의 고동 소리에 너무 집중하다가 심장을 더 빨리 뛰게 만들어서 일을 망칩니다. 차라리 심장의 고동 소리를 나를 응원하는 소리로 즐기십시오.

스트레스 받고 긴장된다는 것은 실패가 눈앞에 있다는 뜻이 아닙니다. 오히려 더 잘하기 위해 내 몸이 나를 위한 응원을 준비하고 있다는 신호입니다. 내 몸의 생체 에너지 발현으로 존중해주세요. 마치 자동차 경주 직전에 막 시동을 건 스포츠카의 엔진 소리처럼 즐겨보세요.

뒤집어 말하면 이렇습니다. 100미터 경주의 출발선에서 대기하는 순간 몸과 마음이 편안하게 풀려버린다면 뛰고 싶은 마음이 생기겠습니까? 그 상태에서 어떻게 결승점을 향해 전력으로 질주할 수 있겠습니까? 이런 경우에 몸이 느끼는 긴장감은 대단히 좋은 것입니다. 그러니 몸과 마음이 느끼는 긴장감을 나를 표현하기 위해, 싸움에서 내가 승리하기 위해 긍정적으로 활용하세요.

다른 사람들은 내가 생각하는 것만큼 내가 어떻게 보이는지, 얼마나 잘하는지 신경 쓰지 않습니다. 내가 내 문제에 사로잡혀 있는 것처럼 그들도 자신의 문제를 해결하는 것에 온통 매여 있기 때문입니다. 그러니 얼굴을 붉히고 수줍어할 필요가 없습니다.

세상의 정보화가 진행될수록 얼굴을 맞대거나 목소리를 나눌 필요 없는 이메일과 인터넷의 익명성에 익숙해집니다. 그렇다고 다른 사람을 만나지 않고, 부딪히지 않고 살면 폐인이 됩니다. 남 앞에 자신 있게 나서는 일은 쉽지 않습니다. 시간이 걸리고 경험이 필요하다는 것을 인정하고 조금씩 시작해야 합니다. 조급해하면 지레 무너집니다.

때로는 사명감이나 헌신하려는 정신도 수줍음 극복에 도움이 됩니다. 봉사 활동을 한번 해보십시오. 힘든 삶을 살다가 자신의 내면으로 스스로 숨어버린 사람들이 정말 많다는 것을 알게 될 것입니다. 그들의 내면과 대화를 시도하다 보면 어느 날 갑자기 내가 나의 내면세계와 통화하고 있다는 것을 깨닫게 됩니다. 어려운 사람들을 돕는 일은 자존감을 높여주는 좋은 기회가 됩니다. 그리고 수줍음이 큰 문제가 아니라는 것을 깨닫게 될 것입니다.

수줍음을 하루아침에 털어버릴 수는 없습니다. 파블로 피카소Pablo Picasso가 자신의 그림을 완성해나가는 것을 동영상으로 보신 적이 있나요? 그가 그린 추상화가 처음부터 그런 모습이었던 것이 아닙니다. 처음에는 자세하게 그려진 눈과 코가 있었던 구상화로 그림이 시작됩니다. 아주 많이 고쳐 그리는 과정에서 그림이 서서히 모습을 달리하면서 결국 추상화가 됩니다. 수줍음이라는 구체적인 문제도 매일 조금씩 바꿔나가면 "언제 내가 그렇게 수줍었었나?"로 만들어갈 수 있습니다. 그렇게 되려면 자기 표상과 대상 표상이 모두 다시 정리되고 바뀌어야 합니다. 수줍음은 구상화이고 숫기는 추상화입니다. 수줍음에는 불필요한 걱정과 불안이 자세하게 그려져 있지만, 낡은 대상이 변형되어 새로 생겨난 숫기는 그저 활발하고 역동적입니다.

chapter 13

우리와 나 사이에서 — 애착과 고독

애착 없는 사랑은 가볍다.

— 노먼 브라운 Norman Brown

사람은 혼자 살 수 없습니다. 나와 남이 모여 살면 사회가 됩니다. 나와 남이 모래알처럼 살 수는 없습니다. 그렇다고 각자의 형체가 없이, 나와 남이 구분이 안 되게 녹아서 붙어버려도 안 됩니다. 나의 정체성이 없어지기 때문입니다. 나와 남이 같이 섞여 있지만 따로 따로 구분이 가능한 사회가 되어야 합니다.

그렇게 하려면 애착이라고 하는 '풀'이 필요합니다. 가까이 할 수도 때로는 멀리할 수도 있을 정도의 끈끈함이 있는, 나와 남을 연결해줄 수 있는 접착제가 있어야 합니다. 이를 정신분석학에서는 '애착attachment'이라고 합니다. 애착이라는 개념의 아버지는 앞에서도 말한 영국 분석가 볼비입니다.

무의식이 '우리'라는 것을 배우다

애착의 출발점은 갓난아기 시절입니다. 애착은 엄마의 젖을 먹고 만지고 자라면서 조금씩 형성됩니다. 세상에는 나 말고도 나를 위하는 남이 있다는 것을 깨닫게 되면서 '우리'라는 개념이 생겨납니다. 아주 어려서는 엄마와, 그 뒤에는 가족을 통해 '우리'를 느낍니다. 사춘기에는 친구들과 '우리'를 만들어갑니다. 어른이 되어서는 새로운 '우리'를 찾아 나섭니다.

처음의 애착 관계가 순탄하게 이루어지지 않으면 성장 과정에서는 물론이고 다 큰 어른이 되어서도 다른 사람과의 관계가 원만하지 않습니다. 관계 맺기를 무조건 피하거나, 관계를 맺어도 불안정하거나 모순적인 행동을 합니다. 속으로는 좋으면서도 겉으로는 싫다고 합니다. 속으로 확신이 없으면서도 겉으로 좋은 척합니다. 그러면 상대방은 정말 피곤해집니다.

애착 중에서도 가장 달콤한 것이 이성과의 애착입니다. 그런데 달콤함에 끌리면 거기에 맞는 큰 대가를 치러야 합니다. 관계가 달콤할수록 유지하는 데 에너지가 많이 듭니다. 그 에너지를 계속 유지하지 않으면 상대가 실망합니다. 그렇다고 헤어지는 것도 만만하지 않습니다. 연인과 헤어지는 것은 그동안 만들어진 애착 관계에 금이 가는 일입니다. 그와 내가 이룬 '우리'가 무너지는 것입니다. 달콤했던 관계일수록 상처가 깊고 크게 남습니다. 뒤처리도 큰일입니다. 태워야 할 사진이나 지워야 할 문자의 양이 부담스러울 정도입니다. 이럴까 저럴까 망설이게 되면 시간이 오래 걸리고 마음은 더 아픕니다.

그런 상처를 가지고 카우치에 누워서 정신분석을 받는 사람들을 만나게 되면 나이와 상관없이 다소 어린아이 같게 느껴집니다. 일시적인 퇴행입니다. 내가 혹시 그럴까 봐 걱정이 되시나요? 분석 시간에 퇴행을 했다고 일상생활에서까지 그렇게 변하는 것은 아닙니다. 분석을 받는 시간에 잠시 어린아이 같은 생각을 하거나 태도를 취하게 될 수도 있다는 말입니다. 퇴행이란 무의식에서 나오는 어떤 욕구에 의해 잠시 어린 시절로 돌아가는 겁니다. 말하자면 어려서 엄마와 가까웠던 것과 같이 분석 받고 있는 지금 여기서 누군가와 가까워지고 싶은 심정, 이런 것이지요. 분석을 받은 사람이 분석가에게 애착 행동을 보인다고 할 수 있겠습니다.

그러면 분석가는 그가 어떻게 해서 그런 애착 관계를 원하는지를 자신과 그의 관계를 분석해서 이해하고자 애씁니다. 예를 들면 어렸을 때 부모와의 관계에서 충족되지 못한 것을 분석가와의 관계를 통해 치유하고자 노력하고 있다고 해석하는 겁니다.

이처럼 마음이 아플 때는 자신의 무의식 속에 있는 애착 관계를 되짚어 보는 것이 중요합니다. 어린아이처럼 변하는 자신을 차분히 바라봐줄 수 있다면 일시적인 퇴행을 겪는 것을 두려워할 필요는 없습니다. 헤어진 그 사람에게서 내가 얻고자 했던 것은 과연 무엇인가요? 사랑? 아니면 애착?

고독은 사람으로 치유되지 않는다

사람들 속에 있다고 고독하지 않은 것은 아닙니다. 낮에 일하면서 아무리 많은 사람과 즐겁게 웃으며 어울려도 그들과 나 사이에 마음과 마음으로 이어지는 진정한 만남이 없으면 모두 허황된 것입니다. 외로움을 면할 수 없습니다. 부모 잃은 어린아이처럼 외롭고 쓸쓸합니다. 고독감을 피하기 위해 더 많은 사람과 어울려봤자 힘만 더 들고 얻는 것은 없으며 자칫하면 마음과 몸에 상처를 입습니다.

누구는 남에게 방해받지 않고 혼자 있을 수 있다는 것이 축복이라고 말합니다. 그렇지만 막상 혼자 있게 되면 외로움을 느끼지 않을 재주가 없습니다. 그래서 우리는 매일 낯선 사람들 사이에서 삽니다. 길거리에서, 학교에서, 직장에서, 사람들이 풍기는 낯선 냄새가 나를 압박하지만 내 발길은 오늘도 그곳으로 향합니다. 그러나 아무리 얼굴을 매일 본다고 해도 마음으로 연결되지 않으면 서로에게 영원히 낯선 사람입니다.

머나먼 옛날, 원시 사회에서는 종족과 떨어져 혼자 있는 것이 곧 죽음을 의미했습니다. 이제 현대인은 안전하게 고독을 확보할 수 있습니다. 그저 문을 잠그고 전화를 끄고 이메일을 닫으면 됩니다. 그래서 현대인은 이 넘쳐나는 고독을 어떻게 처리해야 할지 매우 당황스러워합니다.

현대인은 신체 접촉을 아주 싫어합니다. 낯선 상대와 항상 안전거리를 확보하려고 합니다. 엘리베이터에서 다른 사람에게 한번 바싹 다가가보세요. 금방 반응이 옵니다. 사람이 많은 대합실에서 기침이라도 하면 극적인 효과가 있습니다. 나는 졸지에 독감 환자가 되고 사람들은 재빨리 멀리 떨어진 의자로 옮겨 갑니다.

기술의 발달로 현대인은 혼자 있어도 혼자 있는 게 아닙니다. 텔레비전에 자주 나오는 사람들은 길에서 만나면 아는 사람으로 착각할 정도로 내게 익숙합니다. 하지만 알고 있지만 아는 사람은 아닙니다. 지금은 사람과 사람 사이가 가깝게 연결되어 있다고 착각하기 쉬운 시대입니다.

그래서 언제나 외롭습니다. 일상의 대화를 분석해보면 건성으로 하는 말이 넘쳐납니다. 심지어는 고개를 들어 나를 보지도 않고 말만 내 쪽으로 던지는 사람도 있습니다. 그래서야 무슨 소통이 되겠습니까. 진짜 소통은 눈을 마주보며 진지하게 해야 합니다. 진짜 소통은 상대의 말을 내가, 내 말을 상대가 잘 들어주는 것에서 시작합니다. 언뜻 대화를 하는 것 같지만 자세히 보면 상대방 말은 듣지 않고 내 말만 하는 사람이 너무 많은 것이 현실입니다. 그것은 소통이 아니고 통보입니다. 대화가 없으면 외로움을 면할 길이 없습니다.

얼굴을 맞대고 표정을 보며, 눈빛과 숨결을 느끼며 하는 대화와 전화나 이메일로 하는 소통은 아주 다릅니다. 얼굴을 안 보면 쉽게 오해하게 됩니다. 하루에 한 명씩 새로운 사람과 얼굴을 마주보며 이야기해보세요. 그리고 무슨 일이 일어나는지 경험해보세요. 새로운 사람을 만나고, 새로운 행사에 가고, 새로운 취미를 가져보세요. 다른 사람을 선의로 도와주려고 노력해보세요. 사람들은 자기를 돕는 사람을 좋아합니다. 다른 사람에게 노래나 유머를 통해 자신을 알려보세요.

고독이 반드시 나쁜 것만은 아닙니다. 인간은 고독을 통해서 자랍니다. 세상 일이 모두 즐겁고 남들과 어울리는 것으로 모든 것을 성취할 수 있다면 고독은 진정으로 병이 될 것입니다. 그러나 내면세계를 통합하고 정리하기 위해서는 혼자 있는 시간이 절대적으로 필요합니다. 프로이트도 화려한 사회생활보다는 소수의 친구나 동료들과 담소, 토론하거나 혼자서 생각하고 읽고 쓰는 시간을 훨씬 더 즐긴 '고독한 사람'이었습니다. 나의 내면세계를 탐구하기 위해 정신분석가의 카우치에 누워서 하는 일도 따지고 보면 매우 고독한 작업입니다. 분석가의 작업도 오랜 기간 분석 받는 사람의 내면세계와 홀로 직면

해야 하니 고독하지 않다고 할 수 없습니다. 애착만으로 물든 관계는 멀리 못 갑니다. 고독이 없는 성숙은 가볍습니다.

chapter 14

때로는 사소한 것에 목숨을 건다 – 오해와 집착

사람과 사람 사이의 소통에서
비극은 말에 대한 오해로 시작되는 것이 아니라
침묵을 이해 못할 때 시작된다.

– 헨리 데이비드 소로 Henry David Thoreau

"저는 선생님과 꼭 결혼합니다." 그녀는 면담실에서 내 손을 꼭 잡고 내 눈을 들여다보며 진지하게 말했습니다. 그녀의 언니가 내게 전화를 했습니다. "동생이 그러는 걸 알고 계시나요? 걱정이 돼서요." 그녀는 아주 어려운 일을 겪어왔습니다. 부모의 폭력, 연인의 배신 등이 그녀가 원했던 행복과 환상을 빼앗아갔습니다. 정신병동에 입원한 그녀의 젊은 주치의였던 내가, 자신을 삶의 진창에서 꺼내어 소녀 시절의 꿈을 회복시켜줄 수 있는 '수호천사'처럼 보였을 것입니다. 그렇게 여기고 싶었을 것입니다.

그녀도 나와 결혼한다는 생각이 현실적으로 말이 안 된다는 것을 의식의 세계에서는 알았을 겁니다. 그러나 무의식에서 올라오는 구원받고자 하는 소망, 사랑받고자 하는 욕구, 의존하고 싶은 마음이 너무 강력해서 현실을 왜곡했을 겁니다. 이를 정신분석 용어로는 '전이轉移', 그중에서도 긍정적 전이라고 합니다. 이 경우는 긍정적 전이 중에서도 극단적입니다. "나는 커서 아빠와 결혼할 거야" 같은 어린아이 시절의 환상이, 삶이 너무 힘든 상태에서 치료자에게 옮겨온 것입니다. 이때 치료자가 치료적 중립성을 지키지 못하면 정말 큰일이 납니다. 중립성을 지키면서 환자가 전이 현상의 의미를 이해하도록 도와야 치료자에 대한 환자의 집착을 해소시키고, 환자가 자신의 삶을 독립적으로 살 수 있도록 이끌 수 있습니다.

"남자 친구와 저는 잘 지내다 가끔 아무것도 아닌 일로 심하게 싸웁니다. 어떻게 하면 그러지 않을 수 있을까요?" 이런 말을 환자들로부터 흔히 듣습니다. 아닌 게 아니라 들어보면 무슨 큰일이 있는 것도 아닙니다. 그저 약간의 의견 차이와 오해가 있을 뿐입니다. 그런데 서로 마음에 피가 나도록 크게 싸웁니다. 그러고 나서는 화해를 하고 싶지만 자존심이 허락하지 않습니다. 그렇다고 그를 버릴 수는 없습니다. 이러지도 저러지도 못하면서 마음에서 올라오는 불길은 감당이 되지를 않습니다. 홧김에 내가 내 몸을 해치는 일까지 생깁니다. 무의식의 갈등이 끓어오르다가 한계치에 도달해서 행동으로 터져 나오기 때문입니다. 무의식이 뒤에서 나를 조종합니다. 무의식의 힘은 그렇게 큽니다.

무의식의 미묘한 움직임을 파악하려면 어떤 일 때문에 오해의 불씨가 생기고 싸움이 일어나는지를 알아야 합니다. 연인 사이에는 상대의 말투, 엉뚱하다고 느끼는 상대의 불평, 지루함 등이 불씨가 됩니다. 그 불씨들의 정체와 의미를 알려면 반복되고 있는 패턴을 조심스럽게 살펴보아야 합니다.

물론 기본적으로 사람은 사람을 이해하려고 노력합니다. 이해하는 과정에서 불량이 발생하는 것이 오해입니다. 오해誤解란 '그릇되게 해석하거나 뜻을 잘못 앎'입니다. 오해의 시작은 다른 사람의 말이나 행동 중에서 내가 받아들이고 싶은 것만 선택적으로 받아들이는 것입니다. 껍질이 빨갛다고 사과를 덮어놓고 토마토라고 생각해버리는 식이지요. 오해의 출발선은 부적절하거나 함량 미달인 이해입니다. 전혀 이해를 못한 상태에서는 오해도 없습니다. 과일이라는 것 정도는 알았으니 토마토라고 생각해버린 것이지요. 부분적으로는 이해가 된 것을 무의식이 오해로 바꾼 것입니다. 예를 들면 하루하루 아르바이트와 취업 준비로 바쁜 남자 친구 입장을 어느 정도는 이해하고 있었지만 나를 챙겨주지 않는 것에 대한 섭섭함이 평소에 숨어 있다가 그가 한 어떤 행동을 심하게 오해하게 된 것입니다.

토라진 나를 달래려고 그가 설명을 합니다. 설명으로 풀리는 오해도 있습니다. 그런데 어떤 상황에서는 설명만으로 오해를 풀기가 어렵습니다. 설명보다는 공감을 표현해야 합니다. 예를 들어, "내가 너였더라도 대단히 섭섭했을 거야, 정말 미안하다"라는 태도가 필요합니다.

그 사람과의 관계에 갈등이 생길까 두려워서 확실하지 않은 것을 대충 넘어가다가 오해하는 수도 많이 있습니다. 이해가 안 되면 이해가 안 된다고 말하고 나서 자세하게 되물어야 합니다. 이해가 안 된 것은 아직 오해가 아닙니다. 다시 묻는 것을 자존심 상한다고 생각하면 안 됩니다. 그러면 되묻지 않게 됩니다. 다시 설명하라고 하면 내가 자기를 비판하고 공격한다고 받아들일 것이라는 두려움이 있어도 그냥 넘어가버립니다. 혹시라도 그가 섭섭한 감정을 느낀다면 나를 멀리할지도 모른다는 걱정에 그리하는 겁니다. 제대로 묻지 못하니 당연히 오해가 생깁니다. 가까운 관계에 집착하면 할수록 상대를 객관적으로 보지 못해 오해는 늘어납니다. 오해가 늘어나면 갈등이 생기고 갈등이 생기면 행복한 관계를 더 이상 유지할 수 없습니다. 행복하지 않은 관계는 끊어진 관계보다 더 불행합니다.

무엇을 이해하고 싶은지, 무엇을 이해하고 싶지 않은지는 사람마다 다릅니다. 각자의 무의식적 욕구와 성격 구조의 영향을 받습니다. 이러니 인간이 사는 세상에서 오해가 생길 여지는 충분하다 못해 넘칩니다. 우리의 대인 관계는 항상 어렵고 살얼음판을 걷는 것처럼 위태위태합니다.

자신의 연약함에 대한 두려움이 크게 자리 잡고 있다면 그가 내게 보이는 연약함을 내가 쉽게 이해할 수 있을까요? 아니면 어려울까요? 대개는 어렵습니다. 그가 보이는 연약함을 이해하면 내 연약함에 대한 두려움이 모습을 드러내기 때문입니다. 그래서 나는 그에게 "바보 같다!"고 공연히 화를 냅니다. 그 말은 내 연약함이 바보 같다는 말이지만 그는 내 말에 상처를 입고 내가 그를 비판한 것으로 오해합니다.

자신이 가진 공격성이 터져 나올까봐 너무 두려운 사람에게는 공격적인 성향을 보이는 사람이 야만적으로 보입니다. 열정이 넘친다거나 성격이 적극적이어서 좋다고 이해할 수 있는 것을 오해와 편견의 세계로 몰아가게 됩니다.

오해는 개인과 개인 사이에만 발생하지 않습니다. 집단이 개인을 오해하는 것은 집단심리의 발현입니다. 동서고금을 막론하고 '희생양scapegoat'은 항상 있었습니다. 희생양이란 '다른 사람의 이익이나 어떤 목적을 위하여 목숨, 재산, 명예, 이익 따위를 빼앗긴 사람을 비유적으로 이르는 말'입니다. 집단과 집단 사이의 오해도 자주 일어납니다. 정치하는 사람들의 집단, 즉 정당 간의 싸움이야 식상할 정도입니다. 상대의 의중을 뻔히 알면서도 의도적으로 오해합니다. 오해의 정략적 이용입니다. 권력에서 밀려날 것을 두려워하기 때문입니다. 권력에 집착하기 때문입니다.

프로이트는 미국 시사주간지 《타임》 표지에 여러 번 등장하고 20세기의 위대한 인물로 선정될 만큼 인류의 지성사에 엄청난 영향을 주었습니다. 인간이 자신을, 남을 어떻게 이해할 것인가 하는 매우 근원적인 질문을 던지고 그 질문에 대해 최선을 다해 답을 하려고 평생을 바쳤습니다. 정신분석학은 환자만을 위한 것이 아니고 모든 인간의 생각, 느낌, 행동을 이해하기 위한 심층 심리학입니다.

그럼에도 불구하고 프로이트와 정신분석학만큼 오해를 많이 받아온 사람과 학문은 없을 것입니다. 우리에게는 인간의 본성을 들여다보고 싶은 욕구도 있지만, 한편 두려움 때문에 그것을 파묻어놓고 눈길을 주고 싶지 않는 심리적 저항도 크기 때문입니다. 인간은 자신이 완벽한 존재이길 바라며 그것에 집착합니다.

개인이든 집단이든 집착을 버려야 이해 능력을 키우고 오해를 줄일 수 있습니다. 내가 그를 잃을 것 같은 두려움을 해결해야 그가 제대로 보이고, 그를 객관적으로 이해하면서 관계가 더욱 탄탄해집니다.

자, 그러면 오해를 줄이기 위해서는 어떻게 해야 할까요? 우선 대화를 하기 전에 말을 잘 골라야 합니다. 프로이트는 말의 중요성에 대해 이렇게 말했습니다. "말은 마술과 같은 힘을 가지고 있다. 최대의 행복을 가져오거나 아주 깊은 절망으로 이끈다. 말은 정말 강력한 감정을 느끼게 하고 그것은 곧 행동으로 이어진다."

'아' 다르고 '어' 다릅니다. 그에게 말을 할 때 단어와 말투를 신중하게 선택하세요. 아무렇게나 말해도 탈이 없을 정도로 가깝고 안정적인 사이는 절대 찾을 수 없습니다. 아무리 가까워도, 그 사람의 성격이 아무리 좋아도, 마음에 걸리는 표현을 늘 이해하기는 힘듭니다.

그런 무리한 기대를 버리세요. 상대의 이해를 얻기 위해서는 잘 설명해야 합니다. 분위기에 따라 단어 선택도 달라져야 합니다.

말투가 거칠면 대화의 내용과 상관없이 싸우게 됩니다. 가까운 사이일수록 아무렇게나 편하게 말해도 된다고 생각하지만 가까울수록 더 크게 말의 상처를 받습니다. 가까운 사이의 거친 말은 칼이나 송곳이 되어 상대의 가슴에 당장 꽂힙니다. 그리고 잘 낫지 않습니다.

내가 그를 가장 잘 이해할 수 있다고 단정 짓지 마세요. 그가 나를 아주 잘 이해한다고도 믿지 마세요. 꼭 그렇다는 보장이 없습니다. 가까울수록 상대를 객관적으로 보기보다는 감정을 개입시켜 환상 속에서 봅니다. 환상 속의 나와 너, 너와 나 사이에는 말 한마디에 이해가 아니고 서로 오해를 할 소지가 커집니다. 그래서 텔레비전 드라마의 남자 주인공과 여자 주인공은 시청자가 보기에 말도 안 되는 이유로 서로 오해하고 헤어집니다. 그리고 안타까운 시청자들은 발을 동동 구릅니다. 바로 우리가 그런 모습을 반복하고 있는데 말입니다.

비난으로 느껴지는 말투는 보이지 않는 칼입니다. 논쟁이 이어지면 그와 나 모두 마음에 피를 흘리게 됩니다. 피를 보면 누구나 흥분합니다. 대화를 시작한 원래의 좋은 뜻이 흥분과 분노의 열기 속에 증발해 사라집니다.

무엇보다 그를 만나러 가기 전에 안 좋은 일이 있었다면, 그 일을 마음속에서 정리하고 가야 합니다. 종로에서 뺨 맞고 한강에서 눈 흘기면 안 됩니다. 종로에서 생긴 일은 종로에서 끝내고 그를 만나십시오. 그가 분풀이의 대상으로 당신 옆에 있는 것이 아닙니다. 물론 그에게 기대고 위로받고 싶은 마음은 이해하지만 그렇다고 마구잡이로 그를 대해서는 안 됩니다.

그가 너무 좋아서 그에게 집착하는 마음이 자꾸 든다면? 그가 늘 자기 생각만 해주길 원하게 되겠죠. 두 사람이 다른 공간에 있다고 해도 항상 서로를 생각해주기를 바랍니다. 그러나 그것은 불가능합니다. 심지어 같은 공간에 붙어 있다고 해도 생각이 같을 수 없습니다. 함께 있으면서 당신이 와인 향이 풍기는 낭만을 생각할 동안에 같이 있는 남자는 옆 좌석의 다른 여자를 생각할 수 있습니다. 남자가 '우리의 미래'를 생각하는 동안에 여자는 옆자리 남자와 자기 남자를 마음에서 저울질하며 비교하고 있을지 모릅니다. 그러면서 상호 이해의 순간이라고 착각하고 있는 것입니다. 사람이 그렇습니다. 그러니 값비싼 와인의 건배가 아니라 마음과 마음의 접속이 필요합니다.

마음의 접속을 위한 기반은 무조건적인 집착이 아니라 인간의 한계와 현실을 인정하는 데서 출발합니다. 순간의 열정은 어차피 쉽게 식을 수밖에 없다는 차가운 현실 말입니다.

아무리 첫눈에 반한 사이라도 열정은 쉽게 식습니다. 만남이 반복되면서 새로울 것 없는 익숙한 사이가 되면 지루해집니다. 지루해질 수 있다는 것을 인정하세요. 새 옷을 입는 기쁨 대신에 잘 다듬어진 헌 옷의 편안함이 있으면 되지 않나요? 동시에 모든 것을 다 가질 수는 없습니다.

만난 사람 모두와 일생을 같이 보낼 수는 없겠지요. 관계라는 것은 언젠가 끝나기 마련입니다. 끝낼 수밖에 없는 이유가 있다면 끝내야 합니다. 물론 끝낸다는 것은 고통스러운 일입니다. 그러나 단기간의 고통이 두려워 마무리하지 못하고, 집착하며 매달리면 삶이 장기간의 비참함으로 얼룩지게 됩니다.

하지만 관계를 끝내는 일은 신중하게 결정해야 합니다. 오해를 풀 수도 있는데 일시적 감정으로 저질러버리면 안 됩니다. 최종 단계에서는 내 판단에 충실해야 하지만 다른 사람들의 의견에도 귀를 기울여야 합니다. 혼자서 감정에 치우치면 제대로 된 판단을 못하게 됩니다. 물론 아무하고나 의논해서는 안 됩니다. 나를 평소에 제일 생각해주는 사람을 신중하게 선택해야 합니다. 그렇지 않으면 말해놓고, 후회하고 상처받는 나쁜 경험을 하게 됩니다. 자신이 없으면 차라리 정신과 의사에게 가는 것이 백번 낫습니다.

그동안 있었던 나쁜 일만을 보지 말고 그와 나의 관계 전체를 과거부터 현재까지 곰곰이 살펴보고 미래도 예측해서 결론을 내려야 합니다. 보는 각도에 따라 헤어질 이유도 100가지, 계속 이어갈 이유도 100가지를 찾을 수 있습니다.

그 사람과 헤어지게 되더라도 너무 상심하지 마세요. 헤어지고 '새로운 그 사람'을 다시 만나기 전의 시간이 사실은 내가 진정 누구인지를 알 수 있는 가장 좋은 시간입니다. 쉽지 않더라도 그 시간을 애써서 즐겨보세요.

chapter 15

가장 달콤한 무의식
─ 사랑

어떤 사람이 사랑에 빠졌다는 것은
매우 미쳤다는 뜻이다.

─ 지크문트 프로이트

살다 보면 이유 없이 좋은 사람도 있고 왠지 미운 사람도 있습니다. 정말 왜 그런지 그 이유를 알려면 정신분석적 접근이 필요합니다. 우리 마음속 깊은 곳 무의식에는 지금까지 살아오면서 경험한, 다른 사람들과의 관계가 침전되어 데이터베이스로 저장되어 있습니다. 새로운 사람을 만나면 그 사람을 백지 상태에서 대하는 것이 아니라 기존의 경험을 무의식적으로 검색해서 그 사람과 검색 결과를 비교하게 됩니다. 예전에 경험한 좋은 사람과 비슷한 면이 있으면 마음속 모니터에 '좋은 사람'으로, 이전에 싫어한 사람과 닮았다면 '미운 사람'이라고 평가 결과가 뜹니다.

이를 '전이'라고 합니다. 과거의 경험이 현재로 옮겨와 새로운 관계에 영향을 주는 것입니다. "자라 보고 놀란 가슴 솥뚜껑 보고 놀란다"는 속담에 해당되는 말입니다. 일상생활에서는 물론이고 정신분석을 받는 사람과 정신분석가 사이에도 흔히 나타나는 현상입니다. 분석받는 사람의 대상관계가 분석가에게 복사되어 비치는 것입니다. 전이는 정신분석에서 매우 중요한 치료 도구입니다.

결혼 상대로 남자는 자신의 어머니와 비슷한 여자한테, 여자는 자신의 아버지를 닮은 남자한테 끌리는 것도 일종의 전이 현상입니다. 어떤 사람들은 배우자로 자신의 어머니나 아버지와 정반대의 사람을 고르기도 하는데 그것도 뒤집어보면 마찬가지입니다. 스스로 합리적이고 신중한 선택을 애써서 하려 해도 무의식이 그 방향으로 움직여주지 않으면 소용이 없습니다. "왠지 모르게 좋다"거나, "어쩐지 싫다"는 느낌은 다 무의식에서 오는 전이의 영향입니다.

그 사람은 믿을 수 있다는 환상

말이 통한다고 느껴지는 상대가 있습니다. 그런데 정말 그 사람과 내가 말이 잘 통하는 것인가요? 내가 하는 말에 상대가 단순히 동의하는 것만을 가지고 서로 통한다고 착각할 수 있습니다. 그렇게 되지 않도록 조심해야 합니다. 말이 통한다고 생각하면 자연히 인상이 좋다고 생각하게 됩니다. 그렇지 않을 수 있는데도 말입니다.

물론 첫인상은 매우 중요합니다. 첫인상이 나쁘면 다시 만나기가 꺼려집니다. 첫인상은 그야말로 눈 깜빡할 사이에 결정됩니다. 그러니 준비를 잘하고 만나야 합니다. 우선 늦으면 안 됩니다. 10분 전까지는 약속 장소에 도착해야 합니다. 먼저 가서 기다리는 것이 내가 그를, 내가 나를 이기는 길입니다. 약속 시간에 누가 먼저 오는지에 자존심을 내세우면 안 됩니다. 그를 처음 만나는 날은 옷, 헤어스타일, 화장이 나를 나타냅니다. 제대로 차리고 가야 자신감도 생깁니다.

"내가 왜 그렇게까지 해야 하지?" 하고 속에서 올라오는 쓸데없는 자존심을 과감하게 눌러버리세요. 상대에 대한 사전 지식을 가지고 가면 도움이 됩니다. 그래야 대화가 쉽게 이어집니다. 말만 중요한 것이 아닙니다. 자세나 태도에도 신경을 써야 합니다. 상대방에게 집중하고 있다는 인상을 주는 것이 중요합니다.

이런 이야기는 상대방에게 잘 보이기 위한 단순한 요령을 알려드리기 위한 것이 아닙니다. 인생에서 제일 중요한 기술은 무엇일까요. 아마도 이해하고 이해받는 기술일 것입니다. 말하자면 소통의 기술이지요. 사랑이라는 감정도 이 영역 안에 있는 한 부분일 뿐입니다. '소통'이란 '막히지 않고 잘 통함' 또는 '뜻이 서로 통하여 오해가 없음'이라는 뜻이지요. 그래서 이해받고 이해하기 위한 기초공사로 위의 것들이 필요하다는 말입니다.

'이해받는 느낌'은 인생을 움직이는 힘 중의 하나입니다. 평소는 물론이고 살아가면서 고난의 바다에 빠질 때, 그래도 나를 이해해주는 사람이 있다고 느끼면 어려움에서 보다 쉽게 벗어날 수 있습니다. 심지어 자살의 충동에서도 벗어날 수 있습니다. 그가 그냥 말없이 가까이에, 적어도 같은 도시에 있어주는 것만으로도 큰 힘이 됩니다.

문제는 세상 사람 모두가 상대를 먼저 이해하기보다는 상대가 자기를 먼저 이해해주길 바란다는 것입니다. 소통이 원활하게 되려면 남에게 바라기 전에 내가 먼저 남을 이해하려고 노력해야 합니다.

상대를 이해하려면 상대의 말과 행동에 주의를 기울여야 합니다. 무조건 마음을 비우고 잘 들어야 합니다. 무시하거나, 듣는 척하거나, 내게 좋은 것만 골라 들으면 안 됩니다. 듣는 것도 편식하면 안 됩니다. 내 입장에서의 비판이나 가치판단을 미루면서 들어야 합니다. 듣기 거북한 이야기도 들을 수 있어야 합니다. 그렇게 한 후에 그 사람이 나를 이해해주길 기다리십시오. 그러면 소통의 물길이 열릴 것입니다. 관계의 차원이 달라질 것입니다.

"나는 그 사람이 싫다. 그 사람 곁에만 가면 알게 모르게 상처받는다. 그런데도 왜 관계를 끊지 못하는지 나도 내 마음을 모르겠다." 이렇게 느낀다면 어떻게 해야 할까요?

사람과 사람의 관계는 당연히 평등해야 합니다. 평등한 관계에서만 서로가 발전할 수 있습니다. 그럼에도 주변을 둘러보면 완전히 평등한 관계는 찾기 어렵습니다. 한 편이 다른 편보다 다소 유리하거나 불리한 위치에서 관계가 지속됩니다. 사랑의 대차대조표가 불균형을 이룹니다. 한쪽이 상대를 더 생각하고 다른 쪽은 상대를 덜 생각합니다. 상대에게 집착하는 사랑일수록 손실이 납니다. 손실은 상처와 흉터를 남깁니다.

나는 내 인생의 중심인 그 사람을 쉬지 않고 생각하고 그리워합니다. 그를 위해서는 나를 희생할 수 있다고 생각합니다. 이런 경우 만약 그가 제대로 된 사람이라면 내가 희생하는 것을 방관하지 않을 것입니다. 만약 그가 야비한 사람이라면 내 희생은 이용당할 뿐입니다.

우리의 사랑에 쏟는 에너지의 불균형이 아주 심한 경우에는 가학적, 피학적 요소가 관계 속에 숨어 있습니다. '가학적'이라 함은 남을 괴롭히면서 쾌감을 느끼는 성향을 말합니다. '피학적'인 것은 괴롭힘을 당하면서도 이상하게 만족을 느끼는 것입니다. 가학적인 사람과 피학적인 사람이 만나면 오래 사귑니다. 병적이지만 서로 맞습니다. 그녀는 이렇게 자신을 변호합니다. "그가 나를 티끌만큼도 생각해주지 않지만 그를 향한 내 사랑을 포기할 수는 없다. 포기하기에 내 사랑은 너무 깊다." 이런 사랑에 우리가 감동을 해야 할까요?

괴로워하면서도 서로 벗어나지 못하는 이유는 여기저기에서 찾을 수 있습니다. 결혼한 부부가 대표적으로 내세우는 헤어지지 못하는 이유는 경제적 문제와 자녀 문제입니다. 그러나 경제적 문제가 해결되고 자녀들이 결혼하고 독립해서 잘 살고 있어도 자신을 괴롭히는 배우자를 떠나지 못하는 경우가 흔합니다. 마치 인질범에게서 벗어나지 못하도록 길들여진 인질과 같습니다.

언어적, 신체적 폭력을 당하는 사람들이 가해자로부터 벗어나지 못하는 숨은 이유는 환상과 두려움입니다. "겉으로는 그렇지만 속으로는 나를 아끼는" 그 사람을 떠나서는 내가 살 수 없다는 두려움 때문에 억울한 일을 당해도 참으면서 양보합니다. 그가 나를 때리고 나서 미안하다며 던지는 약간의 친절한 말에 사로잡혀 사실은 그가 나를 진정으로 사랑하며 안아줄 것이라는 환상을 버리지 못합니다. 그는 나를 때리고 나서 후회한다고, 사랑한다고 속삭입니다. 그러면서 절대로 놓아주지 않습니다. 고통받는 상대를 놓아주지 않고 계속 괴롭히는 것은 가학적인 쾌감이 있기 때문입니다.

관계에 문제가 있을 때 스스로의 힘으로만 고치려고 하지 마십시오. 쉬운 일이 아닙니다. 정신분석이 우리에게 주는 위안 중의 하나는 마음의 문제를 다른 사람과 함께 치료하며 풀 수 있다는 것입니다. 나와 그의 관계가 엉망이라면 다른 안정적인 관계를 통해서 내가 겪고 있는 문제를 재조명해봐야 합니다.

상대를 위한다는 핑계를 대지 마세요

연애는 매우 가까운 관계를 맺는 것입니다. 상대에게 자신을 아주 많이 드러내는 것입니다. 상대를 전적으로 받아들이는 것입니다. 그런 사랑에 빠지면 상대에게 의존하고 상대에게 헌신적이 됩니다. 내가 그의 사람임을 내놓고 자랑하게 됩니다.

그러나 마음의 움직임으로 보면 연애는 사실 미친 짓입니다. 자아가 정상적으로 작동되는 상태가 아닙니다. 자아가 현실을 검증하는 기능이 고장을 일으킨 상태입니다. 그래서 연령, 환경, 학력의 차이를 무릅쓰고, 가족의 반대에 시달리면서, 심지어는 가출을 하면서까지 그를 따릅니다. 그를 갈구합니다. 그와 같이 생각하고 느끼고 숨쉬기를 원합니다. 여기까지는 차라리 단순합니다. 만약에 이런 나를 그가 받아들일 수 없다면? 내가 그에게 하는 만큼 그가 나에게 해줄 수 없다는 것을 너무나 잘 알고 있습니다. 그래도 내 사랑은 계속됩니다. 사랑은 이렇게 비현실적입니다.

첫눈에 누군가에게 반하는 것은 그가 나와 같다고 느끼기 때문입니다. 그가 나와 같으면 나를 잘 이해해주리라는 생각이 들어서입니다. 그런데 정말 그 사람이 나와 같을 수 있을까요? 아니면 같다고 나 혼자 짐짓 생각해버리는 것일까요? 같다고 생각해버린 거라면 다른 점들에 대해서 벌써 눈을 감았을 것입니다. 그런데 실상은 눈 감고 아웅한 것입니다. 그와 내가 달라서 생길 수밖에 없는 문제들은 저 밑에서 부글거리며 끓다가 나중에 터져 나옵니다.

사랑은 열정적 행위입니다. 혼자 있을 수 있는 능력이 없는 사람일수록 열정적인 사랑을 원합니다. 사랑에 의존할 수 있어서입니다. 열정적 사랑은 일종의 중독 상태입니다. 중독이라 말하는 것은 시간이 갈수록 사랑의 모양이 더 열정적으로 변하길 원하지만, 사랑은 오히려 반대 방향으로 가는 '내성tolerance'이 생기고 관계가 소원해지면 '금단 증상withdrawal symptoms'으로 고통을 받게 되기에 그렇습니다.

열정적 사랑의 세 요소는 이상화, 성sex 그리고 공격성입니다. 사랑에 빠지는 것은 마술입니다. 열정적 사랑이라는 마술에 쓰이는 원료는 위험함, 모호함, 예측 불허입니다. 열정적 사랑은 시간이 지나면서 점점 위험해집니다. 온도계 고장으로 과열되고 있는 엔진처럼 열정적 사랑은 절대로 안정적이지 않습니다. 사랑의 열정이 화려할수록 사랑이 깨질 위험은 증가하고 공격성은 더 파괴적인 모습으로 변합니다. 영국의 에드워드 8세가 왕위조차 포기하면서 미국 출신의 이혼녀 심슨 부인과 결혼한 일은 세기적인 사건이자 열정적 사랑의 극단적인 예입니다. 과연 어떤 사랑이었을까요? 두 사람의 머리에 무슨 생각이 있었을까요? 스스로 왕위를 버리고 윈저 공이 되어버렸던 에드워드 8세는 행복했을까요? 열정적 사랑에 계속 머물러 있으려면 엄청난 부담을 감당해야 합니다. 끝이 좋다는 보장도 없습니다. 캐서린 헵번과 역시 영화배우이자 유부남이었던 스펜서 트레이시의 사랑은 비록 불륜이었지만 평생 지속된 것이 아마도 열정이 아닌 이성적 인 인내심이 이유였을까요?

열정적 사랑은 서로 의존하는 공생 관계가 된다는 것이고 공생하는 관계가 된다는 것은 경계 없이 나를 그에게 무방비로 맡긴다는 뜻입니다. 남에게 나를 맡긴다는 것은 언제나 위험한 일입니다. 위험해지는 느낌이 들면 마음이 불편해집니다. 이유 없이 조급해지고 불안하고 화가 납니다. 성숙한 관계로 오래가기 위해서는 마음속의 작은 파도로 만족하고 거센 파도로 변하는 것을 막아야 합니다.

열정적 사랑은 결국 실패로 끝납니다. 신혼여행지에서 흔히 보는 커플룩은 쌍둥이 흉내입니다. 한창 좋은 시절의 젊은 연인이나 신혼부부는 신체 일부가 붙은 '샴쌍둥이'가 되고 싶어 하지만 불가능합니다. '일심동체'라는 말은 무지개처럼 헛된 꿈입니다.

누구나 첫사랑을 통해 상대에 대한 공감과 이해의 능력을 기르게 됩니다. 그리고 스스로를 더 이해하게 됩니다. 그러면 새로운 관계에 대한 자신감이 생깁니다. 그 자신감으로 인해 첫사랑의 미래는 밝지 않습니다. 관계가 지속된다는 보장이 없습니다. 헤어질 수밖에 없는 사랑이 제일 깊은 사랑이었다는 것은 슬픈 모순입니다.

모든 사랑은 과거로부터 온 것입니다. 모든 사랑의 근원은 첫사랑에 있습니다. 다시 사랑하게 된다는 것은 옛사랑을 다시 찾는 일입니다. 사랑은 퇴행적입니다. 현재같이 보이지만 과거로 돌아간 것입니다. 정신분석의 눈으로 보면 모든 사랑은 과거가 현재에 덧입혀지는 전이 현상입니다.

사랑은 자기 노출입니다. 사랑은 자신의 전부를 그대로 보여주는 것입니다. 꼭 기억해야 할 것은 사랑을 통해 내가 자랄 수 없다면 진정한 사랑이 아니라는 것입니다. 그렇게 되면 사랑이 아니고 사랑의 대상에게 구속되는 것입니다. 사랑을 통해 성장하는 것은 이기적인 행위가 아닙니다. 사랑이라는 이름으로 상대를 구속하는 것이 이기적인 일입니다.

사랑은 상대가 하고 싶어 하고 할 수 있는 일을 하도록 도와주는 것입니다. 나와 그가, 그와 내가 무조건 같이 있기 위해서 상대가 발전할 수 있는 기회를 포기하게 해서는 안 됩니다. 서로 상대의 장점을 발굴해서 독립적으로 키워주는 관계를 만들 줄 알아야 합니다.

사랑하는 관계는 상대를 가치 있는 사람으로 인정하고 받아들이는 것입니다. 사랑은 돌보는 것입니다. 그러나 상대만을 돌보고 자신을 방치한다면 그것은 반쪽의 사랑입니다. 피학적 사랑입니다. 자신만을 돌보고 상대를 돕지 않는다면 역시 반쪽의 사랑입니다. 가학적 사랑입니다.

자신을 사랑하지 않는 사람이 남을 사랑할 수는 없습니다. 자신을 사랑하지 않는 고독한 남자가 멋있어 보인다면 곧 함정에 빠질지도 모릅니다. 사랑을 받는다는 것이 어떤 것인지 경험해보지 못한 사람은 자신을 사랑할 수 없고 남을 사랑할 능력도 없습니다. 사랑은 배워야 실천할 수 있는 실용 학문입니다.

인연은 불확실하며 사랑은 달아나기 쉽습니다. 그래서 사랑은 우리를 불안하게 합니다. 사랑의 필연적인 진행 과정은 시작, 지속, 그리고 해체입니다. 사랑은 낯선 사이로 만나서, 친근감을 느끼다가, 서로 끌리며, 낭만적 애정 관계를 만들고, 결혼 생활이나 동거를 하다가, 갈등이 생기고, 사랑이 식으면, 헤어지는 것으로 끝납니다. 사랑은 '영원'이 아닙니다.

사랑은 한 가지 감정이 아닙니다. 사랑은 애정, 욕망, 호기심, 자존심, 소유욕이 엉켜 있는 복잡한 것입니다. 그리고 사랑이라는 동전의 뒷면에는 미움이 이미 새겨져 있습니다. 사랑은 생각만이 아니고 행동입니다. 사랑은 늘 이성이 지배하는 머리와 열정이 가득 찬 가슴이 서로 다투는 갈등입니다.

냉소주의자는 "남녀 관계는 사랑, 희생, 로맨스, 헌신이 아니고 힘, 섹스, 재산, 기만 그리고 통제일 뿐이다. 사랑은 이기적인 유전자에서 오는 것일 뿐이다"라고 말합니다. 사랑할 때 우리는 기만적인 모습을 보이기도 합니다. 어떤 사람들은 짙은 화장과 화려한 옷차림을 통해 자신과 상대를 속입니다. 또 어떤 이는 자신이 지닌 것을 과시하면서 상대에게 자신이 느끼는 본능적 욕구를 가립니다.

왜 그러는 걸까요? 사랑은 자신이 잘 달래야 하는 감정입니다. 상대가 처음부터 나와 다른 사람이라는 것을 인정해야 합니다. 물론 어렵습니다. 속으로는 자꾸 나와 같은 사람이기를 기대하기 때문입니다. 사랑한다는 말에 쉽게 속지 말고 사랑한다는 말로 스스로를 속이지 마십시오. 사랑은 결국 자기를 위해 하는 것인지도 모릅니다.

사랑의 뒷모습 엿보기

사람들은 사랑해서 결혼한다고 합니다. 뭔가 다 알았다고 생각했을 때 결혼을 하지요. 주변 사람들의 축하 속에 기분이 구름처럼 둥둥 뜨는 듯하는 것은 잠시입니다. 사실 결혼은 또 다른 미지의 세계로 떨어지는 것입니다. 부모나 주변의 결혼 생활을 곁에서 보고 얻은 간접 경험을 자신의 인생에 자동적으로 대입할 수는 없습니다. 결혼은 인생에서 매우 심각한 결정입니다. 행복한 결혼을 소망한다고 해도 저절로 이루어지지는 않습니다. 단지 행복해질 수 있는 기회가 생기는 것뿐입니다. 결혼하기 전에 상대에 대해 충분한 마음의 준비가 되어 있지 않다면 평생을 고통 속에 살거나 이혼하기 쉽습니다.

동거하는 사람들도 이제 흔해졌습니다. 인생관에 따라서는 결혼을 하고 나서도 다른 이성과 친밀한 관계를 유지합니다. 이혼율이 날로 증가하고 재혼하는 사람들도 많습니다. 결혼은 안하고 아주 가까운 친구이자 연인으로 지내기도 합니다. 아이는 낳아서 키우지만 아버지를 밝히지 않고 혼자 키우는 싱글맘도 있습니다. 사랑의 방식은 여러가지입니다.

꼭 사랑이 없어도 아주 가까운 관계는 가능합니다. 관계가 충분히 만족스러우면 됩니다. 가까운 관계는 다양한 형태로 나타날 수 있습니다. 앞으로 '진정한 사랑'과 같은 표현이 없어질 수도 있겠습니다.

혼전 순결에 대한 개념도 이미 크게 바뀌었습니다. 임신과 출산에 대한 정확한 정보를 원하는 젊은 남자 산부인과 의사와 지난 일을 말하지 않으려는 젊은 여자 환자 사이의 다툼은 이제는 더 이상 볼 수 없습니다. 순결이라는 문제는 이제 더 이상 고민과 갈등의 원천이 아닙니다. 사랑하지 않아도 성적 쾌락이나 일체감을 느끼려고 잠자리를 같이할 수 있다고 생각하는 사람들도 있습니다.

중요한 것은 반드시 두 사람이 같이 사는 관계라고 해서 따로 살며 가끔 만나는 연애 관계보다 의미 있게 깊어지는 것은 아니라는 겁니다. 의미 있는 관계는 자신의 역할을 제대로 알고 서로를 배려하며 서로에게 책임 있게 행동하는 관계입니다. 결혼을 통해서 얻는 것이 있고 잃는 것도 분명히 있습니다.

문제는 결혼으로 얻는 것만 있어야 한다고 생각하는 환상입니다. 이혼율이 높은 것은 결국 현실과 환상의 차이가 너무 큰 것을 현명하게 극복하지 못했기 때문입니다. 현실 파악을 잘 못했거나 환상이 너무 컸기 때문입니다. 자기애적 성향이 강한 사람들은 자존심이 매우 강해서 결혼에 대한 기대와 환상은 더 크고 실망과 좌절을 참아내는 힘은 더 약할 수도 있습니다.

그런데 사람들은 왜 결혼을 하려고 하는 것일까요. 그것은 결혼이 안정과 안전을 준다고 생각하기 때문입니다. 물론 결혼은 정서적, 성적 욕구를 채워줍니다. 나이가 들어서도 결혼을 못해 마음이 불편한 것은 안정적이고 안전한 삶을 확보하지 못했다는 불안감이 자신에게 보내는 신호입니다. 우리가 현대사회 속에서 느끼는 고독과 불안은 점점 깊어지고 있습니다. 많은 사람이 고독과 불안에서 벗어나기 위해 결혼을 하려합니다. 하지만 결혼을 통해 지금까지 못 받아온 사랑을 증권 투자하는 것처럼 벌어서 보충하려 한다면 어떻게 될까요?

안정적인 것과 행복한 것은 같지 않습니다. 결혼은 새로운 가족이 생긴다는 것이고, 좋을 수도 있지만 대개는 엄청난 부담입니다. 시간을 두고 애써서 적응해야 할 상당한 정도의 만성 스트레스입니다. 미국 정신과 의사들이 개발한 스트레스 무게를 가늠하는 척도에 '결혼' 항목도 당당하게 들어가 있습니다. 배우자의 죽음으로 스트레스가 받는 부담이 100점이고 결혼 스트레스가 50점이니, 결혼 생활이 아닌 결혼을 한다는 행위 자체만으로도 부인이나 남편이 죽는 사건의 반 정도 스트레스가 걸리는 힘든 과정이라는 말입니다. 결혼하기까지 "내가 선택한 사람이 과연 최상인가?" 하는 의심과 갈등이 가끔씩 고개를 듭니다. 이런 생각은 결혼 후에도 이어집니다. 단지 억압을 통해 묻어버릴 뿐입니다.

결혼 생활에서 배우자에게 하는 기대의 범위와 정도도 이미 예전과 달라졌습니다. 이를테면 바람을 피우지 않는 정직한 남편이라고 해서 반드시 100점짜리 남편인 것은 아닙니다. 결혼은 배우자에게 서로 정서적인 역할을 훨씬 더 많이 요구하는 관계가 되어가고 있습니다. 그러나 어느 한쪽이 다른 쪽의 기대를 일방적으로 채워주는 의존적 결혼 관계는 성숙한 관계가 아닙니다. 의존적 관계는 '완벽한 상대'에 대한 환상이 무너지면 와르르 쉽게 무너집니다. 사랑이라는 감정과 결혼이라는 관계에 자꾸 문제가 생긴다면 그 관계에 자신이 스스로 다스릴 수 없는 무의식적 욕동과 갈등을 모든 힘을 다해 투사하는 어리석음을 범하고 있지 않은지 돌이켜봐야 합니다.

chapter 16

복수하고 싶은 사람이 있나요

복수는 고통의 고백이다.

– 고대 로마 격언

복수하고 싶어 '이를 가는' 사람들이 도처에 있습니다. 도저히 용서할 수 없으니 복수만이 길이라고 그들은 생각합니다. 그리스 신화에 나오는 트로이 전쟁은 스파르타 왕 메넬라오스의 아내인 헬레네를, 아프로디테 여신의 지원을 받은 트로이 왕자 파리스가 몰래 빼어오면서 시작됩니다. 복수를 위해 벌어지는 전쟁의 와중에 여러 사람이 죽으면서 결국 복수는 비극으로 끝납니다. 그 모든 것이 신들의 장난이었는지 인간의 어리석음이었는지는 그리 중요하지 않습니다. 엄청난 전쟁을 통해서 복수하려 했지만 과연 진정으로 복수가 가능했는가를 살펴보는 것이 더 중요합니다.

문제는 '완벽한 복수'는 존재하지 않는다는 것입니다. '완벽한 복수'라 하면 나는 전혀 탈이 없으면서 상대에게 치명적인 손해와 상처를 입히는 것일 겁니다. 복수를 위해 온갖 어려움과 괴로움을 참고 견디는 과정을 겪으면서 자신의 상처는 깊어지지만 상대가 타격을 입는다는 보장은 없습니다. 운이 따른다고 해도 복수심에 사로잡히는 것은 상대도 다치고 나도 다치는 '양날이 선 칼'을 잡고 휘두르는 것과 같습니다.

복수심은 순탄한 인생을 살아온 사람에게는 완벽한 인생이 그로 인해 흠집이 났다는 생각에서, 어렵게 살아온 사람에게는 또 당했다는 생각에서 생깁니다. 내가 그에게 되갚아주지 않으면 큰일 날 것 같고 후회할 것 같은 생각이 드는 것입니다. 어려서 이미 상처를 받은 사람이 커서 느끼는 박탈감에 기반을 둔 복수심은 더 위험합니다.

반드시 누가 나에게 잘못해서 복수심을 느끼는 것만은 아닙니다. 자아의 힘이 약한 사람은 사랑의 대상이 갑자기 미워해야 할 대상으로 바뀌기도 합니다. 내 마음에서 복수할 대상을 스스로 만들어내기도 합니다. "왠지 모르게 분풀이하고 싶다"는 감정이 그런 것입니다. 내 안의 부정적 감정이 그 사람에게 엉뚱하게 투사된 것입니다. 그래서 음료수에 독극물을 넣어 이름도 모르는 사람을 죽이려 하는 황당하고 끔찍한 사건이 일어납니다. 범인은 자신의 행위가 소위 사회에 대한 복수라고 주장하지만, 그 사람 내면의 공격성을 둘러싼 갈등이 자기 마음에서 정리되지 못하고 엉뚱하게 밖으로 튀어나온 것입니다.

복수심은 매우 강력하고 오래 지속되는 감정입니다. 복수심은 상상과 환상을 먹고 자랍니다. 복수심에 사로잡히면 복수를 해서는 안 되는 현실적 이유나 근거를 잘 살펴보고 성찰할 수 있는 능력을 잃어버립니다. 어려서부터 쌓인, 좌절에 대처하는 방식이 복수의 방식도 결정합니다. 내가 어려서 어떤 식으로 누구를 좋아했고 어떤 식으로 누구를 미워했는지도 중요합니다. "세 살 버릇이 여든까지 간다"는 말은 복수의 심리학에도 해당됩니다.

어려서부터 경험에서 이드의 욕구를 자아가 충분히 만족시켰다면 사랑의 이미지가, 그러지 못했다면 증오의 이미지가 마음에 남아 복수에 대한 집요함의 수준을 결정합니다.

유명한 사람에 대한 테러 사건은 테러범이 평소에 높이 받들고 동일화하면서 동시에 시기심을 느꼈던 사람에 대한 복수극입니다. 비틀즈의 일원이었던 존 레논이 1980년 12월 8일 밤 10시 49분경에 그를 스토킹해오던 채프먼에게 살해된 사건을 예로 들 수 있겠습니다. 그 일이 있었던 날 초저녁에 채프먼은 레논 부부의 복귀 앨범, 《이중 환상Double Fantasy》에 레논의 자필 서명을 받아냅니다. 레논에 대한 채프먼의 동일화와 복수가 무서울 정도로 치밀하게 연결되는 것을 알 수 있습니다.

진정한 복수는 복수를 포기하고 자신의 길을 묵묵히 가는 것입니다. 떠나간 그를 복수를 통해서 되찾으려고 내 무의식이 발버둥치지만 그렇게 해서는 그를 다시 찾을 수 없습니다. 사랑하기 위해서 다시 찾으려고 하는 것이 아니고 미워하고 결국은 파괴하기 위해서 하는 일이기 때문입니다. 복수에 사로잡혀 제 갈 길을 못 가고 있는 '나'를 되찾아 살리는 일이 더 급합니다. 상대야 어찌 되든 신경 쓰지 말고 자신의 인생을 충실하고 아름답게 살면 궁극적으로 그것이 진정한 복수의 길이 됩니다. 그리고 상대가 저지른 잘못에 대한 처벌은 인간이 아닌 신에게 맡기는 것입니다.

그동안 용서는 종교의 문제였습니다. 이제 용서가 심리학의 영역에서 연구되고 있습니다. 어떻게 용서하느냐에 따라 마음에서 분노, 불안, 우울, 좌절, 죄책감을 정리할 수도, 그 속에 남길 수도 있습니다. 여기서 말하는 용서는 절대로 상대의 죄를 사해주는 것이 아닙니다. 상대가 한 짓을 잊는 것도 아닙니다. 용서란 내 상처의 원천이자 원한과 복수의 대상인 상대 자체를 마음에서 버림으로써 나를 치유하는 과정이자 결과입니다.

내가 내 마음의 주인이 아니고 그에 대한 복수심이 내 마음을 하루 24시간, 1년 365일 움직인다고 생각해보세요. 정신분석적으로는 자아, 초자아, 감정 상태 그리고 현실이 이드의 복수심에게 인질로 잡혀서 다른 어떤 일도 하기가 아주 힘들어진다는 뜻입니다. 자아는 복수 욕구와 현실적 한계 사이에서 좌절감으로 힘들어하고, 초자아는 복수에 대한 도덕적, 윤리적 기준을 가지고 씨름하며, 남을 파괴시키려 하는 부정적인 감정에 휘말리는 것이 모두 상처를 다스려야 할 나를 더 힘들고 불편하게 만듭니다. 정말 끔찍한 일이 아닐 수 없습니다. 복수를 못 하게 되면 자책감이, 복수를 하더라도 허탈감이 나를 먹구름처럼 덮어버릴 것입니다.

남녀 간 사랑의 상처에서 흘린 피에서 자라는 복수심은 특히 다루기가 어렵습니다. 버려진 것에 대한 분노는 죽은 후까지도 사라지지 않을지 모릅니다. 베르디가 작곡한 이탈리아 노래의 "(내) 무덤에 가까이 오지마라, 내 뼈가 묻힌 곳에"라는 구절이 떠오릅니다. 참 난감한 일입니다.

정신분석에서는 복수심을 직접 먼저 다루기 전에 분노, 우울, 불안, 박탈감 등 연관된 감정들을 먼저 털어놓도록 돕습니다. 그러다 보면 그에게 복수하려 했던 동기가 아주 허망한 것임을 깨닫게 됩니다. 그렇게 복수심의 불꽃이 허망하게 꺼질까 봐 겁이 나서 자신도 모르게 분석 치료를 회피하기도 합니다.

누구를 미워하고 그에게 복수하고 싶다는 생각을 너무 오래하다가 자신도 모르게 그 사람과 닮기도 합니다. 이러한 현상을 정신분석에서는 '공격자와의 동일화identification with aggressor'라고 합니다. 미워하는 부모의 모습을 닮았다고 느끼거나, 원수 같은 직장 상사와 비슷하게 생각하고, 느끼고, 행동하는 자신을 발견하고 깜짝 놀라는 수가 흔히 있습니다.

복수에 대한 지나친 집착은 잘못하면 망상으로 이어집니다. 내가 그에게 가지고 있는 엄청난 적개심이 부메랑처럼 나에게 돌아옵니다. 내가 그를 미워하는 것이 아니고 그가 나를 엄청나게 미워하고 해치려 한다는 피해망상을 가지게 됩니다. 이를 편집증paranoia이라고 합니다. 편집증이란 '체계가 서고 조직화된 이유를 가진 망상을 계속 고집하는 정신병'입니다. 망상의 이유가 잘 세워져 있으니 설득이나 토론을 통해 좋아질 가능성은 거의 없습니다. 오히려 망상을 더 강력하게 만들 뿐입니다.

네 번째 이야기

무의식을 대하는 다섯 가지 기본 치유법

나의 '현재 시간'은 몇 시인가요

자신의 언어로 말하기

자신에게까지 거짓말하지 말자

용서받으려고 애쓰지 마라

꿈과 환상을 잘 이용하자

•

매일 아침 눈을 뜨면
새로운 출발이 나를 기다리고 있다.
그리고 나를 움직이는 것은 바로 '나'이다.
다른 사람의 허락은 필요 없다.

이제 본격적으로 상처를 치유하는 몇 가지 방법을 제시하고자 합니다. 물론 지금 제시하는 것들은 정신분석 치료를 통해 경험하고 얻을 수 있는 것의 극히 일부일 뿐입니다.

정신분석가와 분석을 받는 사람이 만나, 마음이라는 주제를 가지고 수년 간 벌이는, 변화를 위한 작업은 매우 독특한 것입니다. 사람이 늘 변화를 원하는 것은 아닙니다. 분석을 받는 사람은 분석가에게 의존하면서도 자유로워지고 싶어 합니다. 그러한 긴 여행을 제한된 분량의 글로 엿볼 수 있게 하는 것은 정말 어려운 일입니다.

그럼에도 아무것도 안하기보다 무엇이라도 조금 하는 것이 항상 나은 길이라는 것을 믿습니다. 바다를 이루는 물은 한 번에 모인 것이 아닙니다. 인간이 접근하기 불가능한 아주 멀고 높은 산의 꼭대기에 떨어진 한 방울의 물이 모이고 모여서 이루어진 것이 넓고 깊은 태평양이라면 오늘 당장, 지금 조금이라도 내 마음을 이해하려고 노력하고 이해하는 것이 중요하지 않을까요?

chapter 17

나의 '현재 시간'은 몇 시인가요

어제는 역사, 내일은 미스테리, 오늘은 신의 선물이다.
그래서 현재를 프레즌트present(선물과 동의어)라고 한다.

– 조앤 리버스 Joan Rivers

"몇 달 전에 남자 친구와 헤어졌다. 아직도 가슴이 찢어지는 것 같다. 그 사람이 보고 싶다. 이렇게 느끼는 내가 싫다. 이미 흘러간 과거를 잊지 못하는 자신이 너무 밉다."

헤어진 연인 때문에 상실감에 빠져 있는 사람은 '과거'에 서 있는 사람입니다. 누구나 자기가 현재를 살아간다고 생각하지만 그렇지 않습니다. 현재에 있으면서 과거를 후회하고 미래를 걱정하고 있는 나 자신을 너무나 자주 발견하고 식은땀이 날 정도로 깜짝 놀랍니다. 현재를 충실하게 산다면 훨씬 더 행복하게 살 수 있다는 것을 아주 잘 알고 있기 때문입니다. 그러나 현재를 잘 살아내는 일은 말처럼 쉽지 않습니다. 우리는 현재를 당연히 소유하고 있다고 생각합니다. 그러므로 과거를 완벽하게 정리하고 미래를 잘 계획하면 그만큼 더 행복할 것이라고 착각하며 현재를 소비해버립니다.

현대인의 현재는 분열되고 조각조각나 있습니다. 일터에서는 휴가에 대한 공상으로, 휴가지에서는 일에 대한 생각으로 머리를 채웁니다. '현실감'이 점점 상실되고 있습니다.

현재를 사는 것은 일단 현재를 인식하는 것입니다. 내 생각의 주인이 되는 것입니다. 잡다한 생각이 내 마음을 사로잡아 조종하지 못하도록 하는 것입니다. 현재에 집중해서 마음의 주인이 되는 것을 '마음 챙김mindfulness'이라고 합니다. 마음에서 태어나서 곧 사라져버리는 생각, 느낌, 이미지 그리고 몸의 감각에 시시각각 주의를 기울이는 행위입니다. '마음 챙김'은 원래 불교에서 나온 개념으로 정신의학에서 받아들여 실용적으로 개발했다고 할 수 있습니다. 내 마음 흐름의 지배자가 되자는 시도이자 노력입니다. 내 마음의 흐름을 옳다고 또는 그르다고 평가하지 말고, 그저 흘러가는 물처럼 살펴보고 경험하면 됩니다.

현재에 머물지 못하고 과거에 집착하거나 미래를 걱정하는 순간 우울과 불안이 자라납니다. 무럭무럭 자라납니다. 시간이 지나면 후회로 이어집니다. 현재를 현재로 경험하고 즐기면 우울과 불안이라는 부정적인 감정의 성장을 멈추게 할 수 있습니다.

세상을 살다보면 천만 가지 걱정이 생기지만 실제로 그런 일이 일어나는 경우는 거의 없습니다. 아직 그렇게 되지도 않았고, 그렇게 될 가능성도 별로 없는 일을 행여 일어날까 두려워하면서 현재를 즐기지 못한다면 무척 어리석은 일입니다.

지금 경험하는 것을 자존심이나 초자아와 연결시키지 않고 차분히 관찰하면 나쁜 경험도 웃어넘길 수 있습니다. 누구에게 배신당했다면 그저 사람 공부 잘했다고 생각해버리세요. 생각을 많이 하지 않으면 나를 자유롭게 할 수 있습니다.

과거에 일어난 일을 돌이켜 바꿀 수는 없습니다. 과거를 되씹으며 후회하는 순간 현재를 소비한다는 사실을 분명히 알아야 합니다. 과거에 사로잡혀 현재를 낭비하면 후회해야 할 과거의 덩어리가 점점 늘어납니다. 크기가 커지고 무거워집니다. 악순환입니다.

머리로는 뻔히 알면서도 이렇게 악순환이 되는 것은 무의식의 힘입니다. 무의식은 과거를 후회하고 미래를 두려워하게 합니다. 현재 일어나는 일을 자존심, 열등감, 자신에 대한 다른 사람들의 평가와 자꾸 연결시킵니다.

현재에 집중하는 일이 쉽지 않으면 자신의 들숨과 날숨에 관심을 기울여보세요. 걸어가면서 걸음걸이에 집중하는 것도 도움이 됩니다. 음식이나 술의 맛을 천천히 음미하며 즐기는 것도 좋은 방법입니다. 이런 것들은 현재를 즐길 수 있는 기본 중에 기본 방법입니다.

시간에 쫓기며 사는 것은 불행한 삶입니다. 가장 대표적인 직업이 의사입니다. 의사가 된다는 것은 시간에 쫓기는 직업병을 앓는 것입니다. 의사들은 대개 빨리 걷고 식사를 급하게 합니다. 아무리 낭만적인 자리에서라도 상대방보다 두 배 빠른 속도로 식사하는 게 기본이므로 그다지 환영할 만한 식사 친구가 아닙니다. 시간에 쫓길수록 유명한 의사일 가능성이 높습니다. 이름값만큼 실력이 좋다면 환자는 좋겠지만 의사 개인은 그다지 행복하지 않을 것입니다. "의사가 시키는 대로 하되, 의사가 하는 대로 따라하지 말라"는 말이 있습니다.

우리는 현재를 살고 있다고 생각하지만, 그렇지 않습니다. 사람들은 과거의 경험을 통해 만들어진 마음의 틀로 현재의 사물을 보고 판단합니다. 문제가 생기면 그 틀로 문제를 해석합니다. 그것이 도움이 안 되는 틀이라면 문제가 제대로 해결되지 않습니다. 도움이 되는 틀로 바꿔야 합니다. 그러기 위해서는 과거에서 벗어나 현재의 눈으로 현재를 살펴야 합니다.

정신분석 시간에 어떤 식으로 대화를 나누는지 궁금하세요? 흔히들 분석가가 분석을 받는 사람에게 이렇게 할 것이라고 짐작합니다. 말하자면 지나간 삶의 이야기를 순서대로 조리 있게 이야기하게 하고 그것을 잘 조합해서 과거에 이렇게 해서 현재 당신이 이러하다고 말을 해주는 것 말입니다. 정신분석하면 떠오르는 것이 '정신의 분석分析' 이니 그럴 듯한 짐작입니다. 그런데 실제는 전혀 그렇지 않습니다.

정신분석 시간에는 과거가 아니고 오히려 '지금, 여기'에 집중합니다. 분석을 받는 사람이 지금 이 공간에서 하는 이야기 위에 초점을 맞추고 유지시킵니다. 지금 하는 이야기는 건성으로 들으면서 일부러 과거를 자꾸 캐는 치료자가 있다면 아마도 초보 치료자일 것입니다. 현재가 이야기되면 과거는 저절로 연결되기 마련입니다. 억지로 과거를 캐는 것은 현재의 낭비이자 직무유기입니다.

오래되어 왜곡된 과거의 눈으로 현재를, 그리고 제대로 파악하지 못한 현재의 눈으로 과거를 해석하려는 잘못된 시도입니다. "왜 이런 이야기를 내가 지금 분석가에게 하고 있을까?" 또는 "왜 이런 이야기는 지금 안 하고 있을까?"를 서로의 입장에서, 지금 그리고 여기 이 공간에서 이해하지 않고는 과거 역시 제대로 이해할 수 없습니다. 우리가 무의식을 들여다본다는 것은 바로 이런 일입니다.

chapter 18

자신의 언어로 말하기

신경증이란 애매한 것을
견딜 수 있는 능력이 없는 것이다.

– 지크문트 프로이트

'말을 잘 하는 것'과 '잘 말하는 것'은 전혀 다릅니다. 말을 잘 하는 것은 말솜씨가 좋은 것이고, 잘 말하는 것은 상대에게 솔직하게 내 마음을 전하는 것입니다.

솔직하게 말하는 것은 쉽지 않습니다. 말을 꺼내기 전부터 마음속에서 하고자 하는 말을 편집하기 때문입니다. 그 말의 내용이 왠지 거슬리거나, 위험하거나 불리하다고 판단되면 자연히 말을 꺼내지 않고 담아둡니다. 말을 솔직하게 하기 위해서는 마음속 검문소를 잠깐 닫아야 합니다. 마음속에는 무의식의 세계에서 전의식으로, 전의식에서 의식의 세계로 통하는 곳에 검열 기능을 하는 검문소가 있습니다.

말을 솔직하게 하려면 내가 느끼는 감정에 솔직해야 합니다. 예를 들어 누구나 슬픈 일을 당하면 슬픔을 느낍니다. 그러다가 이런 감정을 느끼는 자신에 대해 자존심이 상해 그런 자신이 싫어지면 그 감정을 없애려고 합니다. 무리하면 그 감정을 부정하거나 억압할 수 있습니다. 그런데 한편으로는 어떤 느낌을 없애려고 노력한다는 것은 거기에 집중한다는 뜻입니다. 집중하면 그 느낌은 더 커집니다. 그렇게 해서 슬픔에 사로잡히면 자신을 말로 잘 표현하기 어렵습니다.

슬픈 일이 있어서 슬퍼하는 것은 자연스럽고 당연한 일입니다. 그 느낌을 받아들이는 것만이 슬픔에서 자유로워질 수 있는 길입니다. 없애려고 하면 더 크게 다가옵니다. 슬픔, 고통, 분노와 같은 것들은 우리가 그렇게 느끼도록 만들어진 자연스러운 감정들입니다. 일단 생기면 한동안 우리와 같이 머물러 있다가 유효기간이 지나야, 즉 '소화消化'가 되어야 사라집니다. 그러니 느낌을 그냥 받아들이세요. 느낌을 받아들인다고 일어난 일에 꼭 동의, 찬성한다는 뜻은 아닙니다.

말과 말이 부딪히는 것이 말다툼입니다. 내 말과 그의 말의 충돌이자 전쟁인 다툼의 시작은 처음에는 미미합니다. 그런데 점점 말은 자라나고 감정의 불길은 더욱 거세집니다.

제대로 된 다툼은 시작과 끝이 있습니다. 그렇지 않은 것은 제자리에서 돌고 도는 '순환형'입니다. 했던 이야기가 또 나오고 다시 나옵니다. 그리고 엉뚱한 곳으로 불길이 번집니다. 내가 그에게 "당신은 당신 엄마하고 정말 똑같아"라는 말을 했다면 심하게 다투기 전에 그에게 사과하고 얼른 끝내는 것이 좋습니다. 문제의 본질이 바뀌었기 때문입니다. 무의식의 갈등이 상황과 상관없는 말을 뱉어놓은 것입니다.

다투다가 어느 시점에서 더 얻을 게 없으면 말을 멈추십시오. 한 말을 또 하면 영양가가 떨어집니다. 변호사가 법정에서 하는 것같이 전략적으로 하십시오. 변호사처럼 비용을 받아야 말할 수 있다고 상상해보세요. 상대가 당신을 열 받게 하려고 의도적으로 하는 말은 무시해버리세요.

무엇보다 상대가 당신의 의견에 쉽게 동의할 것이라는 환상을 버리세요. 다른 사람이나 나나 우리는 모두 상대가 나를 무조건 이해하고 동의해주길 기대합니다. 하지만 그런 일은 불가능합니다. 서로 너무 다르기 때문입니다.

그러니 다툼을 빨리 멈추는 것만이 가장 좋은 해결책입니다. 사이가 좋을 때 아예 다툼 시간을, 예를 들어 24시간을 넘기지 않는다는 식으로 정하십시오. 필요하면 어기는 사람에게 적용할 벌칙을 정해도 됩니다. 다툼을 그친 채 혼자 있는 시간이 지나면서 내가 그를, 그가 나를 약간 더 이해하게 될 수 있습니다. 다툼의 시간이 길어지면 그런 여유가 없어집니다.

세상에 남에게 비판 받는 것을 좋아하는 사람은 없습니다. 비판은 가시와 같이 가슴에 와서 꽂힙니다. 남이 나에게 하는 듣기 싫은 이야기를 오히려 도움이 되는 방향으로 바꾸어놓을 수 있다면 얼마나 좋을까요. 어떻게 하면 그렇게 될지 생각해봅시다.

비판을 일단 감정을 섞지 말고 받아들여보세요. 초자아가 출동하지 않도록 목에서 힘을 좀 빼고 숨을 여유 있게 쉽니다. 말은 쉽지만 실행하기는 쉽지 않습니다. 상대의 비판에 당장 분한 심정이 됩니다. 자존심을 지키려고 방어기제가 마음에서 긴급 출동합니다. "나는 정말 억울해! 나한테 도대체 왜 그러는 걸까?" 마음속에서 과거가 올라옵니다. 학교에서 집으로 성적표가 온 날 아버지에게 야단맞던 기억이 떠오릅니다. "나는 커서도 결국 부모를 실망시키는 나쁜 아이야" 하는 생각으로 연결됩니다. 그래서 상대의 비판에 끓는 물처럼 김을 내뿜으며 과잉 반응합니다. 이런 순간 어떻게 대처해야 할까요?

우선 방어기제의 출동을 의식적으로 막으십시오. 변명하지 마십시오. 마음에서 자꾸 '그렇지 않아! 나는 억울해!'라고 올라오더라도 그냥 눌러버리세요. 오히려 "잘 들었고 생각해보겠다. 내가 할 말은 다음 기회에 하겠다"라고 하세요. 해명은 나중에, 도움이 된다고 생각하면 하세요.

얼굴에 약간 미소를 띠고 상대방의 말을 잘 들으세요. 그리고 그가 나를 비판하는 내용을 요약해서 그에게 들려주세요. 일종의 재방송입니다. 내가 자신의 말을 잘 듣고 이해하고 있다는 것을 그가 마음으로 느끼게 됩니다. 그러면 그가 나에게 험하게 나오지 않고 길게 이야기하지도 않습니다. 상대의 말을 요약해서 돌려준다고 그 말에 꼭 동의한다는 것은 아닙니다. 그러지 않으면 상대는 멈추지 않습니다.

그다음 한가한 시간에 비판받은 내용을 생각해봅니다. 그와 내가 어떤 말과 행동으로 싸웠는지가 아니고 다툼의 객관적 내용입니다. 누가, 어떻게, 어떤 단어를 썼는지는 잊어버리세요. 그러지 않으면 "나하고 지낸 세월이 얼마인데?", "어떻게 그렇게 고압적으로 함부로 그런 말을 할 수 있지?" 하는 원망에 사로잡혀 내용이 머리에 들어오지 않게 됩니다. 내용이 옳으면 그의 비판이 70퍼센트는 옳은 것입니다.

섭섭하고 화나고 짜증나는, 원망하는 감정에 사로잡혀서는 비판을 성장 동력으로 전환시켜 활용할 수 없습니다. 기분이 상해 있는 시간은 하루 이틀로 충분합니다. 자기 방 안에서 욕하고, 화장실에서 주먹질을 해보세요. 그리고 이성으로 돌아가 다음 세 가지 질문을 내 자아에게 던집니다.

그가 내게 한 비판의 얼마만큼이 내게 맞는 이야기인가? 전에도 같은 이야기를 내가 다른 사람에게 들은 적이 있는가? 비판에 맞추어 내가 변한다면 내가 포기해야 하는 것은 무엇인가?

입장이 바뀌어 내가 다른 사람을 비판해야 할 때는 다음과 같이 합니다. 나쁜 점과 좋은 점을 짝지어서 말하세요. 상대의 저항이 줄어듭니다. 객관적 사실에 초점을 맞추세요. 상대가 덜 억울해합니다. 구체적으로 문제가 무엇인지 상대가 말할 기회를 주세요. 잘 듣고 나서 이제는 내가 생각하는 문제를 상대에게 이야기하세요. 기회를 먼저 주었으니 고마운 마음에 상대가 나를 덜 비판하게 될 것입니다. 항상 비판과 친근감을 동시에 표현하세요. 서먹하게 헤어질 확률을 줄일 수 있습니다. 그에게 변화에 대한 보상을 제시하세요.

사람은 항상 관계가 끊어지는 것을 두려워합니다. 두려움 때문에 하고 싶은 말을 못하는 것은 궁극적으로 지키고자 하는 관계에도 전혀 도움이 안 됩니다. 힘들더라도 용기를 내서 내 생각을 상대방에게 얘기할 수 있어야 합니다.

정신분석이 힘을 발휘하는 동력은 분석을 받는 사람의 자유로움에서 나옵니다. 마음에 떠오르는 것을 거르지 말고, 가치판단을 하지 말고, 분석가에게 가능한 그대로 말해야 합니다. 분석가 역시 자유연상이 잘 이루어질 수 있도록 분석을 받는 사람이 하는 말에 대해 가치판단을 하지 않고 그대로 듣기 위해 애를 씁니다. 분석가가 되려면 자격을 얻기 전에 교육분석training analysis을 받아 자기 마음의 그림자를 줄여야 합니다.

자신이 정신분석가가 되어 분석 받을 사람을 마주한다고 상상해 보십시오. 중립적 태도를 취하지 않고 분석 받는 사람의 직업, 출신 지역, 종교, 역사관, 정치적 견해를 비판하고 내 가치관을 그에게 주입하려고 애써보세요. 어떤 일이 일어날 것 같습니까? 마찬가지입니다. 나 자신에 대한 중립적 태도가 확립되지 않으면 내 마음을 스스로 이해하기가 얼마나 힘든지 깨닫게 될 것입니다. 고통을 치료하기 위해서는 자기가 어떤 위치에 서 있는지를 먼저 알아야 합니다. 그리고 다른 사람의 목소리가 아닌 자신만의 목소리로 나를 설명할 줄 알아야 합니다.

chapter 19

자신에게까지 거짓말하지 말자

자기 자신에게 하는 거짓말은
아무 소용이 없다.

– 헨리크 입센 Henrik Ibsen

"나는 이른바 명문 대학을 나왔습니다. 지금 직장이 마음에 차지 않습니다. 동기들은 대기업에 다닙니다. 내가 하는 일은 정말 시시합니다. 내가 보는 나와 그들이 보는 내가 왜 이렇게 차이가 나는지요? 직장 상사들도 너무 '내 수준'에 맞지 않습니다. 저런 사람들과 내 인생을 오래 같이할 생각을 하니 속이 상합니다. 그래도 지금의 일을 나는 경제적인 이유 때문에 외면할 수 없습니다. 그래서 나는 웃으며 마치

이 직장이 최선의 선택인 것처럼 짐짓 생각하며 살기로 결심했습니다. 그런데 어느 날 부터인지 내가 '나' 같지가 않습니다. 뭔지 빈 것 같은 공허감이 내 속에서 나가지 않고 나를 괴롭힙니다. 이렇게 사는 내가 진짜 나인지 아닌지 확신이 없습니다."

이런 마음이 들면 어떻게 해야 할까요? 사람은 자신의 욕구를 인정받아야 살 수 있는 존재입니다. 내가 원하는 것을 남에게 표현하고 요구할 수 있어야 합니다. 내가 원하는 것을 충족시켜주지 않으면 가끔 화도 낼 수 있어야 됩니다. 내가 내 감정을 드러낸다고 해서 어른인 나를 누가 어떻게 하겠습니까? 하지만 잘 안됩니다.

왜 나만 남의 일을 해주어야 하나요? 남도 내가 바라는 것을 내게 해주어야 합니다. 나도 남의 부탁을 거절도 하면서 살고 싶습니다. 그런다고 나를 죽이기라도 하겠어요? 하지만 이 역시 잘 안됩니다.

좋은 사람으로 산다는 것이 상당한 대가를 치르는 일이라는 것을 세월이 적지 않게 지난 이제야 조금씩 깨닫기 시작합니다. 내가 달라지니까 남들도 나를 존중해줍니다. 좀 더 일찍 이럴 걸 그랬습니다. 그런데 두렵기도 합니다. 내가 이렇게 막 행동해도 되는지요? 그러다가 남들이 나를 싫어하고 내 인생에 문제가 더 생기면 어떻게 하나요? 하지만 나는 내 목소리를 되찾은 것 같습니다. 누구에게나 이기적으로 살 권리가 있습니다.

너무나 많은 사람들이 '남들이 원하는 나'를 '내가 원하는 나'로 착각하며 살면서 스스로를 속이고 있는지도 모릅니다. "출근한다. 상사의 눈치를 본다. 커피 한 잔 타드릴까요? 하고 물어봐도 대답이 시원찮다. 오늘은 웃지 말고 표정 관리를 해야 할 것 같다."

많은 직장인들이 이런 마음으로 하루를 시작합니다. 그런 나의 하루는 '진짜 나'와 '가짜 나'의 싸움입니다. 물론 '진짜 나'가 처음부터 있었던 것은 아닙니다. 나는 어떻게 해서 생겼고 어떤 식으로 엄마의 자궁 속에 존재하였으며 어떻게 태어났을까요? 아무리 기억하려 해도 자궁 속에서의 경험을 기억할 수는 없을 것입니다. '나'에 대한 경험은 태어난 후 18개월에서 24개월 사이에 일어나기 때문입니다. 그때가 되면 내 생각과 내 느낌이 내 것이라는 것을 알게 됩니다. 우리는 그때부터 '나'를 의식하며 살게 됩니다. '진짜 나'를 찾고 지키려고 애쓰며 살게 됩니다.

청소년기가 되면 '진짜 나'를 찾는 작업이 정말 집요해집니다. 그들은 자기들에게 맞는 것과 맞지 않는 것을 까다롭게 구분합니다. 친구, 연예인, 옷차림, 취미, 음식에서 좋아하고 싫어하는 것이 분명합니다. 그래서 가끔 다른 스타를 좋아하는 팬클럽들 사이에 격렬한 충돌이 일어납니다.

청년기에는 '미래의 나'에 대한 투자가 본격적으로 이루어집니다. 전공과 직업을 선택합니다. 아직 가지 않았던 길을 가는 것이니 쉬운 선택이 아닙니다. 미래를 위해 무모하게 느껴지는 도전도 합니다. 나는 멀쩡하게 좋은 대학, 소위 좋은 과를 다니다가 갑자기 전공을 바꿉니다. 졸업 후에는 남들이 모두 부러워하는 기업에서 근무하다가 사표를 던지고 외국 소도시의 허름한 식당으로 요리를 배우러 떠납니다. 이런 과정을 거쳐 '진짜 나'가 점차 숙성되었으면 하는 것이 나의 희망사항입니다.

중년에 들어서면 '내 스타일'이 확실해집니다. 중년기에는 인생에서 내린 선택을 '진짜 나'의 선택인지 아닌지 다시 평가해서 고치려 듭니다. 그러다 노년이 되면 어떤 이들은 지금까지 '가짜 나'를 살았다고 후회하며 눈물을 흘립니다. 노년이 되어서, 이제는 돌이킬 수 있는 시간이 거의 없는 상태에서 '진짜 나'를 살았다고 만족할 수 있다면 그보다 더 좋을 수는 없겠습니다.

이렇게 사는 내내 '진짜 나'는 '가짜 나'에게 말합니다. "그렇게 살면 안 된다." '가짜 나'는 '진짜 나'에게 대답합니다. "세상에 너를 다 드러내는 것은 위험해. 약간의 위장술은 필요하잖아." 이렇게 '진짜 나'와 '가짜 나'는 충돌합니다. 그 사이에서 나는 어쩔 줄을 모릅니다.

'진짜 나'를 '가짜 나'로 바꾸는 가장 손쉬운 방법은 외모를 바꾸는 것입니다. 성형 수술이 흔해진 것은 의학 기술의 발전 때문만은 아닙니다. '겉'을 바꾸면 '속'도 바꿀 수 있다고 많은 사람들이 생각합니다. 하지만 무의식은 성형 수술이 불가능합니다. 성형 수술 후에 심리적 부작용이 흔한 이유는 '내가 아는 나'와 '내가 되고 싶은 나' 그리고 실제로 거울에 비치는 '수술로 변한 나'가 서로 충돌하기 때문입니다. 아무리 얼굴을 어려 보이게 만들어도 나는 내가 몇 살인지 너무나 잘 알고 있습니다. 그러면서 어린 척 해야 하니 힘이 듭니다. 물론 '진짜 나'가 항상 아름다운 것은 아닙니다. 그래도 진짜는 진짜입니다. '내가 아는 나'를 무릅쓰고 내가 우겨서 바꾸어버린 '새로운 나'가 성에 차지 않으면 분노와 우울에 덜커덩 빠집니다.

물론 모든 성형 수술이 '가짜 나'를 조장하지는 않습니다. 얼굴 기형으로 열등감에 시달리던 사람이 성형 수술을 통해 고통스러운 과거를 잊고 새로운 출발을 하기도 합니다. 이런 성형 수술은 '회복해야 할 진짜 나'에게 현대 의술이 보내는 격려의 메시지입니다.

평소 '진짜 나'를 잘 지키고 있는 사람은 남이 나를 어떻게 보는지에 별로 신경을 쓰지 않습니다. 남이 나를 우습게 보더라도 묵묵히 내가 가진 장점을 활용하면서 내가 갈 길을 한 걸음 한 걸음 걸어갑니다. 속이 상하더라도 나를 내가 파괴하는 어리석은 행동에 빠지지 않고 나를 잘 지켜내고 위기를 극복합니다. 쓸데없이 남의 눈치를 보지 않고 목적 있는 삶을 거침없이 물 흐르듯 살아갈 수 있습니다.

'진짜 나'를 지키는 나는 환상 속에 살지 않습니다. 내가 나 자신을 누구보다도 잘 파악하고 있습니다. 내 능력이 무엇이고 내가 무엇으로 움직이며 내가 어떻게 느끼고 행동하는지를 잘 압니다. 나의 약점을 부정하지도 비난하지도 않습니다. 약점마저도 보듬어 안고 갑니다. 남들이 뭐라고 하더라도 나의 가치관과 소망하는 바에 맞는 행동을 합니다.

반면에 '가짜 나'는 '만들어진 나'입니다. '진짜 나'를 덮고 있는 껍질입니다. '가짜 나'를 벗기고 '진짜 나'를 찾는 것은 쉽지 않습니다.

'가짜 나'에 익숙해져 있을수록 '진짜 나'를 찾아내기가 어렵습니다.

내가 '진짜 나'인지 '가짜 나'인지를 어떻게 알 수 있을까요? 예를 들어 내 성격이 내성적인가, 외향적인가를 생각해보세요. 한쪽으로만 규정하기 어렵습니다. 흔히 섞여 있습니다. 상황에 따라 내성적으로 또는 외향적으로 행동합니다. 동전의 양면과 같습니다. 내가 나인지, 내가 왜 이렇게 행동하는지 쉽게 알기 힘듭니다. 남이 보는 나, 가까운 사람들이 아는 나, 나 자신만이 아는 나 외에 나도 모르는 내가 있습니다.

나도 모르는 내가 있는 것은 내가 나를 다른 사람들에게 숨기려 하기 때문입니다. 나의 소망, 욕구, 환상, 시기, 질투, 원망을 남들이 알면 거북합니다. '진짜 나' 중 일부는 무의식에서 잠복 활동 중입니다.

지금의 내가 '진짜 나'인지 아닌지 알아내는 방법이 없지는 않습니다. 막연히 '이건 내가 아닌 것 같다'는 느낌이 들면 바로 그것입니다. 애매하게 느껴지는 불편이나 공허가 '진짜 나'로 나를 이끄는 단서입니다. '진짜 나'와 '가짜 나' 사이의 간격이 너무 심하면 내 인생의 톱니바퀴가 헛도는 느낌이 듭니다. 뭔가 연결이 끊어진 것 같이 느껴집니다.

'가짜 나'로 그냥 살다가 막상 '진짜 나'가 누구인지를 알게 되면 기쁘기도 하지만 한편으로는 고통스럽습니다. 내가 누구인지 아는 것이 고통스럽기 때문에 그동안 고통을 피하기 위해 '가짜 나'를 전면에 내세운 것입니다. 그러나 길게 보면 나를 찾은 것이 그렇지 않은 것보다 백배 좋습니다.

'진짜 나'는 파묻혀 있더라도 결국 큰 목소리를 냅니다. '진짜 나'를 찾기 위해 우리는 감히 힘든 일도 합니다. 마음의 상처를 먹는 것으로 달래다가 엄청나게 뚱뚱해진 그녀는 병원에 입원하고 수술로 위를 잘라냅니다. 어떤 이는 눈총을 받더라도 성정체성을 밝히고 커밍아웃을 합니다. 또 다른 이는 가족 전체의 비난을 무릅쓰고 자신이 믿고 싶은 종교로 개종합니다.

'진짜 나'를 찾더라도 그것을 잘 지키고 살려면 솔직해야 합니다. 솔직하면 가끔 불이익을 당하기도 합니다. 솔직해서 치러야 하는 대가가 있습니다. 나를 드러내면 남들이 나를 싫어하거나 심지어 배신합니다. 그래도 솔직함이 '진짜 나'의 에너지원입니다.

'진짜 나'를 지키려면 늘 세심하고 신중하게 선택을 해야 합니다. 남의 눈치를 보다가 가고 싶지 않은 곳에 엉뚱하게 가는 일을 피하려면 애를 써야 합니다. 대충 사는 것보다 훨씬 더 힘이 듭니다. '진짜 나'를 지키려면 일상의 자잘한 즐거움을 포기해야 합니다. 여럿이 모여 웃고 떠들지만 끝나고 나면 허탈한 모임을 줄여야 합니다. 그런 자리의 단골 메뉴인 남의 뒷이야기, 남이 어려움에 빠진 이야기는 늘 자기애적 허영심을 충족시켜 주지만 껌과 같이 곧 단물은 빠지고 턱관절만 아픕니다. 남을 너무 씹으면 내 마음의 영양분을 섭취할 수 있는 '치아'가 닳아버립니다.

남이 원하는 것을 너무 의식하고 그것에 맞추려고 하면 '진짜 나'를 지킬 수 없습니다. 잘못하면 자아의 모습이 변해버립니다. 남이 나를 싫어하거나 떠날지라도 나를 지키기 위해 내 깊은 마음에서 울려 퍼지는 '진짜 나'의 목소리를 들어야 합니다.

그러나 쉬운 일은 아닙니다. 예를 들어 어려서 엄마의 사랑을 충분히 받지 못한 사람은 늘 사랑에 굶주려 다른 사람이 나를 어떻게 생각하는가에 예민하게 반응합니다. 그런 사람은 다른 사람의 생각에 맞추어서 그 사람의 관심을 잃지 않으려고 '가짜 나'를 고집합니다.

'가짜 나'가 사는 방식은 위태롭습니다. 모든 관계가 멋있어 보여야 한다고 생각합니다. 마음과 마음의 소통이 없으니 그런 관계는 늘 공허합니다. 구멍이 난 것처럼 비어 있습니다.

'가짜 나'가 가끔은 마술 망토의 역할을 할 때가 있습니다. 아직 취약한 '진짜 나'를 남이 볼 수 없도록 가려서 보호합니다. 보호받는 동안 '진짜 나'는 세상의 파도를 이길 수 있는 힘을 기릅니다. 하지만 계속 '가짜 나'의 보호를 받으며 산다면, 숨 쉬며 살고는 있지만 진정으로 사는 것이 아닙니다.

'가짜 나'의 삶을 사는 것은 역할을 통해 사회나 조직에 적응하는 것과는 다릅니다. 자신이 맡은 일을 잘하기 위해 일시적인 역할을 하는 것과 나 전체가 통째로 '다른 나'로 바뀌어 사는 것은 사과와 고구마처럼 전혀 다른 이야기입니다. 둘 다 밥상에 올라오지만 사과는 과일이고 고구마는 채소입니다.

'가짜 나'의 힘이 너무 세지면 '진짜 나'를 압도하고 내 주인 노릇을 합니다. 내가 흔들립니다. '가짜 나'가 적응과 생존을 위한 것이라면 '진짜 나'는 성장을 위한 것입니다. '가짜 나'와 '진짜 나'의 경쟁이 시작되면 '가짜 나'는 '진짜 나'의 영양분을 빼앗고 성장을 방해합니다. 나를 마비시키고 질식시킵니다.

내가 '가짜 나'의 노예인지 아닌지는 어떻게 알 수 있을까요? 증상을 소개하면 다음과 같습니다. 나는 집중을 못 하고 혼란스러워합니다. 창피해합니다. 걱정이 많고 비관적이며 결정을 내리지 못합니다. 고집을 부립니다. 공허하게 느끼고 혼자 지내려 합니다. 참지 못하고 비판하고 걸핏하면 화를 냅니다. 이기적이고 거만하며 시기하고 사람을 믿지 못합니다. 남을 사랑하지 못합니다. 남을 용서하지 못합니다. 혼자 지내거나 아니면 친구가 지나치게 많습니다. 그러나 그중에 좋은 친구는 없습니다. 일, 놀이, 휴식의 균형을 못 잡습니다. 인생을 길게 보지 못합니다.

어려서 상처를 받은 사람들은 '가짜 나'의 유혹에 휘둘리기 쉽습니다. 그들은 떠올리기 싫은 과거를 '가짜 나'의 화려함으로 덮으려 합니다. 상처를 기억하거나 상처의 의미를 생각하기 싫어합니다.

'가짜 나'는 쉽습니다. '진짜 나'를 찾는 것은 어렵습니다. 쉬운 편안함을 포기하고 '진짜 나'를 찾아 떠나는 것은 정말 용기가 필요한 일입니다. '가짜 나'인 내가 이미 다른 사람들과 맺은 허망한 관계를 정리하는 것도 고통스럽습니다. '진짜 나'를 찾는 길의 입구는 혼돈의 바다를 건너서 한참을 가야 희미하게 보입니다.

힘들더라도 '진짜 나'에 가까이 가면 모든 것이 다시 정리됩니다. 내 인생의 주인이 남이 아니고 내가 됩니다. '진짜 나'는 에너지 효율이 높습니다. 나를 남으로부터 방어할 필요가 없기 때문입니다. 반면에 '가짜 나'의 방어선을 계속 지키는 데는 엄청난 힘이 듭니다. 마음의 빈 구석이 무너지지 않도록 끊임없이 지켜내야 합니다. 항상 공허하지 않은 것처럼 보이려고 애써야 합니다. 그것은 끝나지 않는 전쟁입니다.

공허함에서 눈을 돌리려고 '가짜 나'는 항상 삶에서 문젯거리를 찾습니다. 문제가 없는 평온함을 즐기기에는 너무 긴장돼 있고 불안합니다. 아무 문제가 없으면 어쩐지 허전합니다. 그래서 '가짜 나'의 삶을 사는 사람은 걸핏하면 주변에서 트집을 잡습니다. 불평하며 시간을 때웁니다.

'가짜 나'는 항상 남이 옆에 있어야 합니다. 남과 언쟁이 붙으면 싫으면서도 좋습니다. 비록 '가짜 나'이더라도 나의 존재를 확인할 수 있기 때문입니다. 사랑하는 사람이 없으면 미워하는 사람이라도 옆에 있어야 합니다. 남의 관심을 끌기 위해서 특이한 옷을 입거나, 별난 행동을 하거나, 머리 모양이라도 바꿔야 합니다. '가짜 나'는 관심을 구걸합니다.

'진짜 나'는 혼자서도 잘 지냅니다. '진짜 나'는 주변이 달라진다 해도 중심을 잃어버리지 않습니다. '가짜 나'는 의존하던 사람이 떠나면 엄청난 충격을 받습니다. '진짜 나'가 없으면 남의 노예로 사는 것과 같습니다.

'가짜 나'는 사람을 사람이 아닌 물건으로 여깁니다. 자기의 욕구를 충족시켜주는 도구로 다른 사람을 받아들이니 의미 있는 관계를 만들어나가지 못합니다. 그가 맺는 관계에서 남는 것은 씁쓸함, 불행, 탈진뿐입니다.

'진짜 나'와 '가짜 나'의 문제에서 중요한 것은 애착입니다. 애착 관계가 바람 앞의 촛불처럼 불안하게 흔들리면 아이는 편안하게 크지 못합니다. 아이는 사랑을 잃지 않기 위해 부모의 기대를 충족시키기 위해 무리를 하게 됩니다. 그 과정에서 '진짜 나'를 지키지 못하고 포기합니다. 나를 지키면서도 남과 잘 지내는 법을 배우지 못합니다. '자아'라는 사과에 벌레가 먹는 것과 같습니다.

어린아이에게 제일 중요한 것은 무엇일까요? 엄마에게 느끼는 믿음입니다. 엄마가 항상 내 곁에 있고 내가 힘들 때는 늘 나를 도와준다는 믿음입니다. 그래서 아무리 나이 먹어서도 급하면 "엄마야!" 하는 말이 자기도 모르게 나옵니다. 마음에 깊이 저장된 엄마의 이미지에게 도와달라고 자동적으로 응급 메시지를 보내는 행동입니다.

어려서 엄마에 대해 믿음보다는 불안감을 지니고 자랐다면 커서도 남들과의 관계가 어렵습니다. 내가 위태롭고 급할 때 엄마가 나를 제대로 돌보지 않았다면 남이 나를 도와줄 것이라고 믿는 것이 힘듭니다. 그리고 남과 사귀다가 남이 나를 버리는 일을 겪으면 마음에 큰 상처가 남습니다. 남을 못 믿는 마음은 더 깊어집니다. 그것이 두려워서 나는 쉽게 누구를 사귀지 않습니다. 알고 지내는 사람이 몇 명 없습니다.

부모의 칭찬에 목 말랐던 사람은 커서도 자기가 하는 일이 옳은지 아닌지 자신이 없습니다. 자아의 싹이 나이가 들면서 키만 자랐지 내용이 충실하지 못합니다. 허약한 체질의 자아는 늘 두려워합니다. 내가 세상이라는 바다의 풍랑을 견디기 어려운 사람이라는 것을 스스로 알기 때문입니다.

나는 내 약한 자아를 이런저런 방어기제로 둘러쌉니다. 그런 상태를 오래된 정신분석 용어를 빌려 표현하면 '성격 갑옷character armor'을 입었다고 할 수 있겠습니다. 내 갑옷에 부딪친 적이 있는 사람들은 내 성격이 까칠하다고 합니다. 그래도 살아남기 위해 어쩔 수가 없습니다. 갑옷은 천근같이 무겁습니다. 그래서 속으로는 누군가 다정하게 내 약한 자아를 감싸주면서 성장하도록 도와주었으면 하고 소망합니다. 그러면 갑옷을 벗을 수 있지만 그런 좋은 사람을 찾기는 '하늘에 별 따기'입니다. 세상에는 나에게 상처 주는 사람들이 계곡의 돌처럼 깔렸습니다. 갑옷 없이는 돌 맞고 피 흘리기 십상입니다. 오늘도 나는 갑옷 속에, '가짜 나' 속에 꼭꼭 나를 숨깁니다.

정신분석가는 이런 문제 앞에서 어떻게 할까요? 정신분석가는 분석 받는 사람의 약한 자아가 상처받지 않고 안전하게 자랄 수 있도록 돕습니다. 분석 시간에 '포용적 환경holding environment'을 제공하려고 애씁니다. 비판하지 않고 편들지도 않으면서 그가 하는 이야기를 차분하게 들어주려 합니다. 그 이야기의 의미를 해석함으로써 그 사람의 자아가 안과 밖을 보는 시각을 서서히 넓혀주려고 합니다. 그가 다른 사람들과의 관계에서 힘들어하는 문제의 뿌리를 그와 분석가의 관계를 거울 삼은 전이 분석으로 정리하고 해소시키려 합니다. 그러면 그는 옛 상처를 극복하고 새로운 관계를 향해 나아갈 수 있습니다.

나 자신을 대할 때, 상대방을 대할 때 '포용적 환경'을 항상 기억하십시오. 무의식은 그런 환경에서만 우리에게 얼굴을 보여줍니다. '포용적 환경'이 '성격 갑옷'을 벗기고 '진짜 나'의 자유를 다시 찾도록 도와주는 첫 걸음입니다.

chapter 20

용서받으려고 애쓰지 마라

용서 없는 사랑도
그리고 사랑 없는 용서도 없다.

– 브라이언트 맥길Bryant McGill

제일 무서운 관계는 그가 나를 애정 없이 통제만 하려고 하는 관계입니다. 노예제도가 사라진지 이미 오래된 21세기에 노예가 되느냐 자유인으로 사느냐의 경계선에 내가 서 있는 것이지요. 애정 없이 통제만 하려고 하는 관계는 정답고 포근하지 않습니다. 그와 친밀감도 느낄 수 없습니다. 그는 내가 하고 싶은 일을 격려해주기는커녕 주도적으로 살지 못하도록 간섭만 합니다.

더 교활한 상대는 이렇게 나옵니다. 어떨 때는 나를 포근하게 안아주고 어떨 때는 나를 매섭게 내칩니다. 나는 혼돈에 빠져 어쩔 줄을 모르게 됩니다. 나는 어쩔 수 없이 그의 노예로 남습니다.

어린아이를 부모가 막 다루면서도 "이렇게 하는 것은 부모가 너를 사랑하기 때문이야. 너는 부모에게 고마워해야 착한 어린이야"라고 거듭 말합니다. 그 말을 듣는 어린아이는 너무 어려서 맞는 말인지 틀린 말인지 분별력이 없습니다. 시키는 대로 안 하면 부모의 사랑을 잃을까 두렵습니다. 다른 선택의 여지도 없습니다. 그래서 어른이 듣기에는 뻔한 부모의 거짓말을 반은 진실로 믿게 됩니다. 나머지 반은 무엇일까요. 들킬까 봐 꼭꼭 숨겨져 있는, 부모에 대한 미움입니다.

그러다 보면 '나를 사랑하는 부모'와 '나를 미워하는 부모', '내가 사랑하는 부모'와 '내가 미워하는 부모'가 같은 부모의 한 이미지로 통합되지 않고 뿔뿔이 헤어져 마음에 따로 새겨집니다. 같은 부모임에도 '좋은 부모'와 '나쁜 부모'로 각각 반쪽씩 갈라진 채 서로 부딪치는 갈등 구조는 평생 그 사람의 대인 관계에 깊고 넓게 영향을 미칩니다.

아이가 자라서 부모의 슬하를 벗어나도 어렸을 때 자신과 부모가 맺은 관계를 자신도 모르게 다른 사람과 되풀이하다가 다시 상처를 받습니다. 그리고 결과가 훤하게 뻔히 보이는데도 불을 향해 달려드는 나방처럼 또 다른 상처를 입기 위해 스스로 걸어 들어갑니다. 이것은 모두 무의식의 힘입니다. 새로운 관계를 통해 어려서 부모에게 받지 못한 관심, 인정, 애정을 보상받으려는 시도이지만 공부의 기초가 흔들리는데 시험 성적만 올리려는 것처럼 허망하게 실패로 끝납니다.

관계의 문제가 되풀이되면 우울증에 빠집니다. 그리고 모든 것을 내 탓으로 돌립니다. 자신의 가치를 스스로 깎아내립니다. 가치 없는 존재이니 아무렇게나 살려고 합니다. 자기가 어떻게 되어도 좋습니다. 죽음도 두려워하지 않습니다. 내가 죽는 것이 아니고 '내 부모의 아이'가 죽는 것이니 신경 안 씁니다. 그것이 내가 부모의 아이를 죽여 부모에게 복수하는 길입니다.

내 마음에 각인된 '나쁜 부모'는 늘 나에게 속삭입니다. "우리를 보아라. 정말 너를 아끼고 너에게 도움이 되지 않았니? 문제가 있다면 바로 너 때문이야"라고 합니다. 커서 만나는 나쁜 사람들도 나를 이용하고 내가 가진 것을 빼앗으면서 같은 소리를 지껄입니다. 나는 그런 소리에 속아 넘어가 나를 그들에게 바칩니다. 그 소리가 진실로 들리기 때문입니다. 왜 속는 걸까요? 진실로 듣지 않으면 너무 내 마음이 아플 것이기 때문입니다. 그들이 나를 속이고 이용하고 있다는 것을 인정하기 때문입니다. 부모가 나쁜 사람이었다는 진실을 받아들이기보다는 차라리 내가 나빴다는 말을 받아들입니다.

나는 결국 그동안 내가 그렇게 찾아 헤매던 관심, 인정, 사랑을 얻기 위해 나쁜 사람에게 복종하고 충성합니다. 그가 나를 욕하고 때리고 내 것을 빼앗아도 떠나지 못하고 그 옆에서 눈치를 살피며 서성입니다. 문제가 있다면 그것은 바로 내 문제라고 자기 자신에게 계속 말하며 분노와 슬픔을 달랩니다.

설령 모든 것이 내 문제였다 하더라도 나부터 자신을 용서하고 자신을 새롭게 보아야 합니다. 내가 나를 격려해야 새로운 인생이 눈앞에 열립니다. 다른 사람의 눈으로 나를 보고 다른 사람의 용서를 구해서 내 문제를 해결하려 하면 삶이 답답해집니다. 내가 타인이 나를 격려해야만 움직일 수 있는 노예로 남아 있으면 새로운 인생의 출발점은 '나'에게서 점점 멀어집니다.

늘 나를 비판하고 자신의 가치관을 나에게 강요하던 아버지 밑에서 자라왔다면 내 마음에 저장되어 있는 아버지의 이미지와 목소리를 바꾸어야 합니다. 미소를 띤 표정으로 나를 알아주고 칭찬하며 사랑하는 쪽으로 수정해야 합니다. 그러지 않으면 나는 늘 '모자란 자식'으로 남아 평생을 죄책감과 우울증에 시달리며 살아야 합니다. 정신분석이 도움을 줄 수 있습니다.

결과적으로 나를 괴롭힌 부모나 그들에게 복수하고 싶습니다. 그러나 복수는 결국 내 인생을 낭비하고 허망한 실패로 끝납니다. 차라리 있는 그대로의 자신을 용서할 수 있어야 인생이 행복해집니다.

곰곰이 따져보세요. 나는 이제 어른입니다. 부모나 다른 사람들의 인정과 사랑이 더 이상 필수가 아닙니다. 그동안 부모에게 매여 있던 내 인생을 이제 찾아와야 합니다. 매여서 사는 것보다 두렵더라도 버림을 받고 독립해서 사는 것이 궁극적으로 더 행복하고 더 안전합니다. 부모를 벗어나는 것에 죄책감을 느끼지 마십시오. 부모가 그동안 나에게 사랑을 주지 못했다면 앞으로도 가능성은 희박합니다. 부모도 어쩔 수 없이 인간입니다. 그들을 이해하고 용서하고 이제는 내 갈 길을 가야 합니다.

우리는 상대에게 드러내놓고 용서를 구할 때가 있습니다. 나는 내가 그에게 한 짓을 용서받을 수 있을 것으로 생각하고 어렵게 고백합니다. 그러나 그도 나와 같이 불완전한 사람이어서 나를 진심으로 용서할 능력이 없습니다. 그가 용서한다고 하는 말은 믿지 마세요. 말보다는 오히려 그의 행동을 살펴보세요. 말로는 사람을 속이지만 행동으로 속이기는 어렵습니다.

내가 용서를 구하기 전부터, 그는 다음 두 종류의 사람 중에 하나였습니다. 나를 용서할 것인가 말 것인가를 고민하는 사람, 아니면 처음부터 용서할 생각이나 능력이 전혀 없는 사람입니다. 용서를 구하자마자 그가 나를 용서하는 일은 일어나지 않습니다. '용서한다'는 말 뒤에는 항상 그림자가 있습니다. 신의 용서도 아닌 인간의 용서에 너무 목매지 마십시오.

다른 사람의 용서를 구하는 행위는 사실 나 자신이 스스로를 용서하려는 행위일 뿐입니다. 내 마음속에 있는 나를 내가 용서하느냐 못하느냐의 문제입니다. 어차피 남이 하는 용서는 변덕스럽습니다.

그러니 남에게 용서를 빌면서 나를 더 비참하게 만들지 마세요. '비참하게 되어야 벌을 받은 것이고 벌을 받았으니 용서받은 것이다'라고 착각하지 마세요.

정신분석가에게는 현실에서 번쩍이고 있는 외면적인 진실이 중요하지 않습니다. 분석을 받는 사람이 느끼고 말하는 '내적 진실inner truth'이 더 중요합니다. 정신분석은 심판이나 용서를 위해 필요한 것이 아닙니다. 분석가가 분석 받는 사람의 내적 진실을 주의 깊게 들어주고 그것이 외적 진실과 통합되어 정리되도록 돕기 위한 것입니다.

2001년 칸느 영화제 황금종려상 수상작인 이탈리아 영화, 〈아들의 방〉을 보셨나요? 정신분석가 조반니는 행복한 결혼 생활을 하고 있는 남편이자 두 아이의 아버지입니다. 어느 일요일 아침, 아들 안드레아와 같이 달리기를 하기로 한 약속을 미루고 환자의 급한 왕진 요청에 응한 사이에 아들이 바다에서 사고로 죽습니다.

절망에 빠진 그는 자신의 선택을 비난합니다. 분석 시간에 환자의 이야기를 듣고 그들을 돕는 당연한 행위도 아주 힘들어집니다. 분석적 관계를 지키지 못하고 화를 내고 환자를 밀어내기도 합니다. 그렇게 사랑하던 아내와도 멀어집니다. 아들의 죽음에 대해 자신을 용서하지 못하고 자책합니다. 비탄과 분노의 감정에서 헤어나지 못합니다. 조반니가 분석가로서, 남편이자 아버지로서의 위치를 지키지 못하고 철저하게 무너지고 있던 어느 날 아들의 죽음을 모르고 있는 아들의 여자 친구가 등장하면서 이 영화에서 다루는 죽음, 상실, 후회, 비탄, 죄책감, 애도는 결국 조반니 자신이 자신을 용서하고 세상을 다시 새롭게 보기 시작하는 것을 시사하는 것으로 이어지고 영화는 끝납니다.

그 영화에서 보듯이 용서는 남에게서 구할 수 있는 것이 아닙니다. 스스로를 구하려는 자세를 가질 때, 자신의 무의식의 상처를 보듬을 수 있습니다.

chapter 21

꿈과 환상을 잘 이용하자

꿈은 종종 정말 미친 것처럼 보일 때
가장 의미가 깊다.

– 지크문트 프로이트

삶에서 환상과 꿈의 역할을 무시할 수 없습니다. 환상과 꿈은 현실을 견디는 힘입니다. 낮에는 환상을 통해 현실의 초라한 나를 왕비의 수준으로 끌어올립니다. 밤에는 꿈을 통해 소망을 충족시킵니다. 환상은 '현실적인 기초나 가능성이 없는 헛된 생각이나 공상'입니다. 환상은 숨겨진 욕망을 나타냅니다. 유명 여배우와 평범한 직장인 사이의 로맨스 드라마 역시 작가의 머리에서 이루어진 환상의 산물입니다.

환상의 힘은 생각보다 큽니다. 실제로 일어나는 일만이 우리를 부추기거나 힘들게 하는 것은 아닙니다. 마음에서 만들어낸 환상으로 인해 내 삶의 앞길에 커다란 차이가 생길 수 있습니다.

꿈은 무의식에 접근하는 통로입니다. 일상생활에서 무의식을 접하기는 어렵습니다. 꿈, 환상, 말실수에서 무의식이 모습을 드러냅니다. 꿈은 인류가 역사를 기록하기 시작한 때부터 호기심의 대상이었습니다. 프로이트는 꿈을 무의식과 같이 놓고 깊이 있게 체계적으로 연구하였습니다. 그는 1900년 발간한 《꿈의 해석》이라는 명저를 통해 무의식이 꿈에서 어떻게 드러나는지를 상세하게 설명하였습니다. 그 당시 그가 말하길, 꿈은 '무의식으로 가는 왕도'라고 하였으니 지금의 표현으로는 꿈이 '무의식으로 가는 큰 도로'라고 할 수 있겠습니다. 그 도로가 고속도로인지 4차선 도로인지 아니면 비포장의 험한 산길인지는 꿈을 분석하는 사람의 능력에 달렸습니다.

어느 날 밤 이런 꿈을 꿉니다. "길을 가는데 한 번도 본 적이 없는 어떤 중년 남자가 나에게 시비를 걸었다. 연세가 드신 분이라 그 자리를 피하고 싶었다. 내가 자리를 뜨려하자 그 사람은 내 발을 걸어서 넘어뜨렸다. 그리고 나를 때렸다. 나는 겨우 힘들게 일어나서 그 사람에게 침을 뱉고 그 자리를 떠났다."

꿈을 꾼 사람이 기억하는 것은 '드러난 꿈manifest dream'이라고 합니다. 그렇다면 꿈의 원본인 '숨어 있는 꿈latent dream'은 어떤 내용이었을까요? 원본인 '숨어 있는 꿈'은 아마도 "바쁘게 길을 가는데 아버지를 만났다. 아버지는 "이렇게 늦은 시간에 집에 가지 않고 어디를 가냐?"라고 내게 위압적으로 말했다. 나는 기분이 매우 나빴다. 그래서 "그러시는 아버지는 집안 형편도 어려운데 술이나 드시고 다니나요?"라고 따지고 싶었다. 그래도 참고 아무 말도 안하고 있는데 버릇이 없다며 아버지가 내 뺨을 갈겼다. 눈에서 불이 번쩍 나면서 나는 아버지를 죽도록 때려주고 싶었지만 입술을 꽉 깨물고 참았다"와 같이 될 것입니다.

꿈은 무의식과 현실 경험의 합작품입니다. 전날 저녁 나를 쳐다보던 아버지의 차가운 눈빛같이 일상의 사소한 자극이 무의식 속에 가라앉아 있던 오래된 기억과 욕망을 재소집해서 꿈을 만들어낼 준비를 합니다. 잠자는 중에 느끼는 몸의 감각도 꿈 재료에 보태집니다. 배가 고프면 잔치에 초대 받는 식으로 꿈이 전개됩니다.

막 만들어진 적나라한 '숨어 있는 꿈'이 의식의 세계로 들어가는 검문소를 그냥 통과할 수는 없습니다. 창피하거나 비도덕적인 내용이 꿈에 담겨 있으면 마음의 날씨가 '태풍 예보'라는 경보를 발동하기 때문입니다. 그래서 내 무의식은 꿈의 내용과 형식을 의식이 감당할 수 있는 수준으로 편집 작업을 해서 검문소를 통과시킵니다. 예로 든 꿈을 보면 아버지를 욕하거나 때리는 것은 부도덕한 일이므로 '아버지'는 '모르는 중년 남자'로, '죽도록 때려주기'는 '침 뱉기'로 왜곡되었습니다. 이를 '꿈 작업dream work'이라 하며 꿈 작업의 일꾼들은 방어기제들입니다. 마치 폭력적이거나 음란한 내용이 많은 영화를 미리 편집해서 영상물심의위원회를 통과시키는 작업과 같습니다. 꿈 작업은 또한 '숨어 있는 꿈'의 내용과 순서를 정리하고 압축해서 하나의 근사한 이야기로 만들어냅니다. 그렇게 해서 통과된 꿈이 잠에서 깨어나서 기억하는 '드러난 꿈'입니다.

정신분석에서 꿈을 해석하는 과정은 꿈이 만들어지는 과정을 거꾸로 거슬러 올라가는 것입니다. '드러난 꿈'을 일단 압축 파일처럼 풀어내는 것으로 시작합니다. 그러기 위해 꿈을 이야기한 시점 앞과 뒤의 자유연상 내용을 조사하고 꿈에 대한 정서적 반응도 살펴봅니다. 편집되어 드러난 꿈의 원본 내용을 알려면 상당히 고심해야 합니다.

프로이트가 자신을 알기 위한 방법으로 아주 오래전에 자신의 꿈들을 분석했던 것처럼 우리도 침대 머리맡에 필기도구를 두고 매일 자신이 꾼 꿈의 내용을 기록해볼 수 있습니다. 그것을 현실에서 있었던 일이나 평소 머리에 맴도는 생각과 연관시켜 보면 자신의 무의식에 조금이나마 다가갈 수 있습니다. 물론 상당히 부지런하고 꾸준해야 할 수 있는 일입니다.

위대한 발견과 인간의 내적 정신 활동이 어떻게 기막히게 연결될 수 있는지를 확실하게 설명하는 예가 벤젠 고리benzene ring 구조의 발견입니다. 1865년 독일의 화학자 프리드리히 케쿨레Friedrich Kekulé가 논문을 발표하면서 그 구조식을 제시합니다. 그리고 말하길 그 구조의 발견은 뱀이 꼬리를 물고 있는 꿈 또는 백일몽daydream에서 촉발되었다고 하였습니다. 1936년 노벨 생리학상을 수상한 독일의 오토 뢰

비Otto Loewi가 우리 몸의 신경이 화학 물질을 사용해서 신호를 전달한다는 것을 발견한 것 역시 꿈이 시키는 대로 실험을 계획하고 시행한 결과라고 합니다.

환상이나 공상이 모두 쓸모없는 시간 낭비라고 생각한다면 다음 이야기를 잘 들어보세요. 우리가 탐정소설의 전설적 존재라고 기억하는 영국 작가 애거서 크리스티Agatha Christie는 1890년 미국인 아버지와 영국인 어머니 사이 세 아이 중 막내로 태어났습니다. 크리스티는 셰익스피어와 함께 최고로 책이 많이 팔린 영국 작가로 꼽힙니다. 그녀의 작품들은 최소 56개 언어로 번역되었습니다.

크리스티의 어린 시절은 상상과 공상으로 가득 찬 세계였습니다. 다른 아이들과 어울리기보다는 혼자서 생각하고 퍼즐 맞추기를 하며 지낸 시간이 많았습니다. 이런 버릇은 커서 산책을 하며 혼잣말을 하는 습관적 행동과 그 말을 글로 적어 책으로 만드는 행위로 자연스럽게 이어졌습니다. 산책에서 돌아오자마자 혼자서 중얼거리던 내용을 공책에 적어서 활용한 것입니다.

인간이 오감을 통해 인지할 수 없는 것들도 공상, 상상, 환상의 힘을 빌려 그 영역을 넓혀 갈 수 있습니다. 예술가나 작가들이 꿈의 힘을 빌려 도움을 받는 예는 너무나 많습니다. 1965년 발표된 〈예스터데이〉의 아름다운 멜로디를 비틀즈 멤버 폴 매카트니Paul McCartney가 자신의 꿈에서 듣고 깨어나 작곡했다는 이야기가 있습니다. 그러니 꿈, 공상, 환상은 쓸데없는 시간 낭비가 절대로 아닙니다. 무의식의 힘을 빌려 무엇인가를 해결할 수 있는 소중하고 가치 있는 지적 활동입니다.

정신분석은 꿈, 공상, 환상 모두를 존중합니다. 분석가는 분석을 받는 사람이 그것들에 말 걸기를 기다립니다. 때로는 적극적으로 물어봅니다. 그리고 듣고 알아내고 이해한 것을 분석 받는 사람에게 돌려주려고 노력합니다. 간혹 자신의 꿈을 곱씹어 보십시오. 그것만으로도 상당한 것을 알아내거나 마음에 위안을 받을 수 있을 것입니다.

· 나오기 ·

갇힌 마음을 풀어주세요

21세기의 화두는 단연 마음입니다. 마음의 흐름이 몸에도 영향을 줍니다. 의학의 발달로 몸의 고민은 비교적 쉽게 해결할 수 있으나 마음속 응어리는 아직 풀기 어렵습니다. 좋은 약들이 많이 나오고 있지만 마음을 약으로만 다스리는 것은 아직 안심하기 어려운 방법입니다. 성에 차지 않는 방법입니다. 마음은 마음으로 부둥켜안고 이해해야 합니다. 마음의 약은 마음입니다. 돌에 걸려 넘어지면 무릎에 피가 납니다. 때로는 마음도 피를 흘립니다. 마음이 흘리는 피는 어떤 색일까요? 좌절, 우울, 분노, 공포의 색은 무엇일까요?

유한한 삶의 시간은 흘러가고 되돌릴 수 없습니다. 시간의 흐름과 내 삶의 흐름은 맞아 떨어지지 않습니다. 과거의 시간은 후회의 변주곡으로, 미래의 시간은 걱정의 메아리로 가득 찬 채 머리 위에 묵직하게 매달려 있습니다. 현재의 시간은 때로는 아주 느리게 때로는 아쉬울 정도로 빨리 흘러갑니다.

삶이 나를 지치게 합니다. 시간은 꾸준히 흘러갑니다. 힘들어도 뚜벅뚜벅 걸어가면 목적지에 도달할 수 있다고 느끼지만 초조한 마음에 받아들이기 쉽지 않습니다.

살다보면 나 자신이 불행한 운명에 마치 본드로 단단하게 접착된 것 같은 느낌이 들 때가 있습니다. 아무리 애를 써도 벗어나지 못할 것 같은 느낌 말입니다. 정신분석의 결과든 자기분석의 결과든 마음이 편안해지고 다른 사람과의 관계가 좋아진다는 것은 마음에서 이드, 초자아, 자아의 소통이 편안하고 자유로워진다는 뜻입니다. 마음에 맺힌 매듭이 풀어진다는 의미입니다. 그래서 마음이 커진다는 말입니다.

마음이 커지는 깨달음은 갑자기 얼굴에 뿌려진 얼음물처럼 찾아옵니다. 놀라고 당황하면 깨달음을 금방 부정하기도 합니다. 수치감이나 죄책감이 들기 때문입니다. 받아들이기 너무 힘들면 벌컥 화를 냅니다. 변하고 싶지만 변하는 것을 두려워하는 것이 사람입니다. 진정한 깨달음을 얻으려면 무엇보다도 자신에게 솔직해져야 합니다. 진실을 받아들일 수 있는 용기도 길러야 합니다.

내가 나를 안다고 하지만 사실은 잘 모릅니다. 남을 알기는 더욱 힘든 일입니다. 내가 나를 알려면 내 마음의 움직임을 알아야 합니다. 내가 남을 아는 것도 마찬가지입니다. 내 마음속에 그림자가 크게 지면 나도 남도 잘 알기 어렵습니다. 정신분석가 지망생들은 마음속 응달을 줄이기 위해 스스로 수년 동안 정신분석 치료를 받아야 합니다.

그러지 않고는 자기 자신도 잘 모르고 분석 받는 사람도 잘 이해하기 어렵습니다.

마음에서 흘리는 피도 지혈이 필요합니다. 마음의 피를 멈추게 하지 않으면 나를 잃어버립니다. 출혈의 원인을 조심스럽게 찾아야 합니다. 새고 있는 혈관의 상처를 찾아서 정성껏 치료해야 합니다.

마음속 응어리는 서서히 잘 풀어내야 합니다. 오랜 세월에 걸쳐 심리적 화학반응에 의해 쌓여진 응어리를 수술칼로 단숨에 잘라낼 수는 없습니다. 인내심을 가지고 녹여내서, 만들어진 성분과 과정이 무엇이고 어떠했는지를 알아내야 다시 쌓이지 않도록 잘 정리할 수 있습니다.

내 마음의 바다를 속속들이 알 수 있다면 내 삶은 훨씬 여유로워질 것입니다. 이 책은 독자의 시각에서 쓴 책입니다. 여기에 나오는 '나'는 바로 독자 여러분 자신입니다. 그래서 이 책을 쓴 나는 저자이자 독자입니다. 책을 통해 마음에 변화를 일으키는 것은 쉬운 일이 아닙니다. 누구나 자기 마음의 속도만큼, 자기 마음의 넓이와 깊이만큼 사물을 받아들입니다. 그렇지만 나는 이 책이 독자 여러분의 일상에 약간이라도 도움이 되기를 바랍니다. 내가 내 마음의 관리자가 되지 않는다면 내 마음은 누군가의 포획물이 되어버릴 것입니다. 내 마음을 알게 되면 내 마음속에 나의 지원자를 키울 수 있습니다.

정신분석적 생각은 이미 우리 생활에 속속들이 배어 있습니다. 문학, 역사, 철학, 미학, 사회학, 정치학, 경제학, 교육학, 심리학, 정신의학 등 학문의 세계는 물론이고 문화, 예술, 건축, 스포츠 등 생활 가까이에도 정신분석적 생각이 크게 영향을 주었습니다. 그 영향은 지금도 지속되고 있습니다. 정신질환이라고 할 만한 심각한 문제가 아니더라도 '지나친 수줍음', '너무 튀는 행동', '스스로 힘들게 사는 인생', '일 중독', '지나친 양보심', '취약한 감정', '괴팍함', '늘 무미건조하게 느껴지는 그와의 관계'와 같은 문제가 있으면 정신분석을 받기 위해 카우치에 누워야 할 이유로 손색이 없습니다.

◆ ◆ ◆

흔히 정신분석을 과거를 탐색하는 데 집중하는 치료법이라고 오해합니다. 생각해봅시다. 과거, 현재, 미래 중에서 가장 잘 알고있는 것은 무엇인가요?

과거에 매여 현재의 관계도 과거의 것과 같을 것으로 여기면 눈치를 보게 됩니다. 과거는 필연적으로 누구에게나 후회스럽습니다. 현재 시점에서 알게 된 인생의 정답과 과거의 문제 풀이에 차이가 있을 수밖에 없기 때문입니다. 과거에 경험한 일 중에는 제발 돌이키고 싶은 일도 꽤 있을 것입니다. 그래서 사람들은 과거에 집착합니다. 과거를 되씹으면 어떻게 해서든지 이미 일어난 일을 뒤집어 볼 수 있지 않을까 하는 환상 속에 살아갑니다. 그러나 현명한 사람은 과거를 후회하며 과거에 매여 살지 않습니다.

과거에 매여 사는 것의 부작용을 계산하는 방법은 간단합니다. 과거를 생각하는 순간 현재는 잊히고 현재를 잘 살아갈 수 있는 시간이 그 만큼 당연히 줄어듭니다. 곧 지나가버린 현재가 다시 과거가 되어 후회스러운 과거의 총량이 늘어납니다. 충실하지 못한 현재는 미래를 어둡게 합니다. 어두워진 미래에 대한 걱정으로 현재는 더 부실하게 됩니다.

그러니 과거는 이제 그만 잊고 현재를 충실하게 살아야 합니다. 물론 말은 쉽고 실천은 어렵습니다. 내 무의식에는 나를 과거에 잡아놓는 강력한 힘이 있기 때문입니다. '갈등'의 공회전입니다. 자동차의 공회전같이 낭비입니다. 아무것도 못하면서 마음의 연료만 엄청나게 소모합니다. 이리로 갈까 저리로 갈까 하루 종일 생각은 많지만 정리는 안 되고 마음은 혼돈스럽고 아무 데로도 나아가지 못합니다. 고통이 뒤따릅니다.

우리는 주관적 세계에 갇혀 삽니다. 우리 마음은 상자 속의 다람쥐입니다. 상자 속에 갇혀 있는 다람쥐는 바로 옆에 펼쳐져 있는 넓은 세상으로 나가려는 생각보다는 안에 갇혀, 제공되는 먹이를 먹고 바퀴를 수없이 돌리며 세월을 보냅니다. 과거는 변하지 않습니다. 그러나 과거를 보는 눈을 변하게 할 수는 있습니다. 이것이 정신분석이 하는 일입니다. 마음속의 그 다람쥐가 자신이 쓸데없이 반복하고 있는 것을 돌아보고 새 경험을 할 수 있는 길을 찾는다면 다람쥐의 인생은 완전히 달라질 것입니다.

새로운 경험을 하기 위한 길을 떠나는 것은 쉽지 않습니다. 새벽안개에 둘러싸인 산에서 길을 찾는 것처럼 두렵습니다. 사람은 누구나 확실하지 않은 상황에서 위험을 느낍니다. 그러나 새로운 것 중에 확실한 것이 어찌 있겠습니까? 새롭게 출발할 수 있다는 것은 그것만으로도 경이로운 일입니다.

매일 아침 눈을 뜨면 곁에 새로운 출발이 우리를 기다리고 있습니다. 우리가 느끼지 못하고 있을 뿐입니다. 새로운 출발은 스스로 하는 것입니다. 다른 사람의 허락이 있어야 할 수 있다고 생각하지 마십시오. 내가 아닌 그 누구도 새로운 출발을 하라고, 새로 출발하면 성공할 것이라고 말해주지 않습니다. 남이 도와주기를 기다리다가 허망하게 시간을 놓치면 안 됩니다.

두려움은 새로운 출발의 방해꾼입니다. 길에서 만난 방해꾼을 현명하게 피하면서 갈 길을 가듯 마음의 방해꾼도 무시해버리세요. 두려움이 있다고 두려워할 만한 일이 꼭 생기는 것은 아닙니다. 그러니 두려움의 안개를 헤치고 앞으로 나아가세요.

새로운 출발이 실패로 끝난다고 인생이 영영 끝나는 것은 아닙니다. 다시 출발하면 또 새로운 인생이 눈앞에 열립니다. 언제든지 숨쉬고 있는 동안은 다시 출발할 수 있는데도 이러한 삶의 특권을 포기하는 사람들이 너무 많습니다.

누구나 이 세상에 태어난 이유가 있습니다. 흔히 우리는 행복해지기 위해 태어났다고 말합니다. 행복은 다음 부품들로 구성되어 있습니다. 우선 잘 자야 합니다. 그래야 에너지가 넘치고 생각이 명료해집니다. 기분이 좋아야 행복합니다. 그래야 대인 관계도 원만하게 이끌고 갈 수 있습니다. 몸이 건강해야 힘이 넘치고 남에게 매달리지 않게 됩니다. 선택을 올바르게 하고 잘못을 반복하지 않아야 합니다. 정말 하고 싶은 것을 하면서 집중하고 노력합시다. 시간을 잘 관리해야 몸이 편안하고 마음이 평온해집니다. 시간을 내서 내가 나와 가끔 소통을 해야 합니다. 내 마음과 몸의 디자인을 하고 늘 긍정적인 변화를 추구해야 합니다.

무엇보다 마음의 자유를 얻어야 합니다. 우리 모두 자신의 무의식에 좀 더 편하게 접속할 수 있다면, 무의식을 조금이라도 존중하게 된다면, 무의식의 탐색을 통해 약간 더 창조적이 될 수 있다면 좋겠습니다. '나'니까 당연히 '나'를 안다고 생각하는 선입견에서 벗어날 수 있다면, 다른 사람의 무의식을 좀 더 이해하게 된다면 기쁘겠습니다.

정신분석이 분석 받은 사람에게
절대로 병리적인 반응을 하지 않도록 만들어주는 것은 아니다.
정신분석은 분석 받은 사람의 자아를
자유롭게 해서 선택을 할 수 있도록 해준다.

— 지크문트 프로이트

부록

정신분석가들의 말

1. 내 안을 들여다볼 때

- 나는 항상 내가 강해지고 자신감을 가질 수 있는 길을 내 밖에서 찾아왔다. 그러나 그 길은 내 안에 있다. 항상 거기에 있다. —안나 프로이트

- 사람들은 자유를 진정으로 원하지는 않는다. 왜냐하면 자유에는 책임이 따르고 사람들은 책임지기를 두려워한다. —지크문트 프로이트

- 자신에게 전적으로 정직해지려 한다면, 그것은 아주 좋은 훈련이다. —지크문트 프로이트

- 꿈은 종종 정말 미친 것처럼 보일 때 가장 의미가 깊다. —지크문트 프로이트

- '정상적 인간'이란 사실 평균적인 의미에서 정상일 뿐이다. 여기저기,

크게 작게 그와 정신병자의 자아가 비슷하기 때문이다.

—지크문트 프로이트

- 햇볕에 노출된 채 뿜어지다가 땅 밑의 커다란 물 저장고로 다시 돌아가는 분수 물줄기와 같이 의식은 잠재의식으로 되돌아간다.

  —지크문트 프로이트

- 마음은 빙산과 같다. 커다란 얼음덩어리의 일부만이 물 위로 노출된 채 떠다닌다. —지크문트 프로이트

- 정신분석이 어떻게 치유하는지를 묻기보다는, 치유를 방해하는 장애물들이 무엇인지를 물어야 할 것이다. —지크문트 프로이트

- 창의성이란 함부로 쓸 수 있는 단어가 아니다. 그 단어는 기사에게 작위를 주는 행위에 비유할 만해서, 일상의 정신 활동에 수여할 수는 없다.

  —찰스 브레너

- 신경증은 모호함을 참고 견디는 능력이 없는 것이다. —지크문트 프로이트

- 신경증적 갈등은, 뜻을 풀이하면, 발산하려고 애쓰는 힘과 발산을 막으려고 하는 힘 사이의 다툼이다. —오토 페니첼

- 감성을 따를 때 이성도 곁에 두세요. —알프레트 아들러

- 자신의 원칙을 지키려고 싸우는 것이 그 원칙을 지키며 살아가기보다 쉽다. —알프레트 아들러

- 사람은 완전히 태어나기 전에 이미 죽기 시작했다. —에리히 프롬

- 인생에는 단 한 가지 의미만 있다: 살아간다는 행위 그 자체이다. —에리히 프롬

- 합리화는 논증으로 자신을 속이는 행위일 수 있다. —카렌 호나이

- 거짓말은 진실이 위험하다고 느껴질 때 의미를 가지게 된다. —알프레트 아들러

- 고통은 고통의 의미를 찾게 되는 순간 더 이상 고통이 아니다. —빅터 프랭클

2. 지혜로운 마음을 갖고 싶을 때

- 나는 항상 진실을 말한다. 진실 전체는 아니다, 그럴 방법은 없으니까, 진실 전체를 말한다는 것은 진짜 불가능하다. 말로는 실패한다. 그럼에도 불구하고 이러한 불가능성을 통해 진실은 실재(實在)를 고수한다. —자크 라캉

- 이드가 있었던 곳에 자아가 있게 하라. —지크문트 프로이트

- 인류 문명이 최초로 시작된 것은 화난 사람이 돌을 던지는 대신 욕을 하면서부터이다. —지크문트 프로이트

- 개인의 자유는 문명이 가져온 것이 아니다. 문명이 있기 전 자유는 최대치에 달했었다. —지크문트 프로이트

- 엄마의 총애를 받으며 자란 사람은 평생 정복자와 같은 기분을 느끼며 살게 된다. —지크문트 프로이트

- 사람에게서 모든 것을 빼앗을 수 있다, 단 한 가지만 빼고. 그것은 인간이 지닌 자유의 마지막 것, 어떤 상황에서도 자신의 태도를, 자신만의 길을 선택할 수 있는 자유. —빅터 프랭클

- 살면서 제일 위험한 것은 당신이 이것저것 너무 많은 것에 대비책을 마련하려 애쓴다는 점이다. —알프레트 아들러

- 인간이 지닌 한계와 불완전함을 무시하고 올바름과 완벽함이라는 소용돌이에 빠져있을 때마다 우리는 진리를 거스르는 세상으로 추락해버린 것이다. —바바라 설리번

- 왜 우리는 끊임없이 세상의 모든 것이 우호와 믿음인 것처럼 살아가나

요? 세상 어느 곳, 어느 것이나 돌발적인 증오와 추악함으로 가득 차 있는데도 말입니다. —안나 프로이트

- "돈으로 행복을 살 수 있나요?"라고 사람들은 묻는다. 결론은 이것이다. "잠시 무엇이든지 할 수 있다는 착각에 빠질 수는 있다. 길게 보면 아니다. 단, 다른 사람들을 위해 흔쾌히 쓸 경우는 그럴 수도 있다." 좋은 예는 복권에 당첨되었지만 절제하지 않고 살다가 불행에 빠지는 사람들이다. —살만 아흐타르

3. 관계 속에서 길을 찾을 때

- 우리가 쓰는 말은 감정 상태를 콕 집어서 설명하는 데에 매우 부적합하다. —아이라 밀러

- 사랑에 빠지면 겸손해진다. 자기 도취증의 일부를 저당 잡혔기 때문이다. —지크문트 프로이트

- 사랑할 때만큼 고통을 방어하는 힘이 무너질 때가 없다. —지크문트 프로이트

- 어떤 사람이 사랑에 빠졌다는 것은 매우 미쳤다는 뜻이다. —지크문트 프로이트

- 사랑은 당신이 가지지 않은 어떤 것을 그것을 원하지 않는 어떤 사람에게 주는 행위이다. —자크 라캉

- 시초에 말과 주문(呪文)은 한 몸이었다. 그리고 오늘날에도 말은 상당한 주술적 힘을 아직 지니고 있다. —지크문트 프로이트

- 볼 수 있는 눈과 들을 수 있는 귀가 있는 사람이라면 사람들이 비밀을 지키는 일은 있을 수 없다고 확신할 것이다. 입이 침묵을 지킨다 해도 손가락 끝이 말을 할 것이다. 폭로와 밀고는 전신에서 흘러 나올 것이다. —지크문트 프로이트

- 사람이 사람과 대화를 할 때 그들은 진정 무슨 말을 하고 있을까? 왜 사람과 사람 사이에 그리 오해가 흔할까? —레오 랑겔

- 심리적 갈등이 심해질수록, 공격성이 억압될수록 불안이 커진다. 불안이 커질수록 그것에서 벗어나려고 애쓴다. 사회적 편견은 이러한 근본적인 불안에서 주로 나온다. 주된 무기는 투사이다. —그레고리 질보그

- 마음에서 시샘, 불화, 잔인함, 탐욕, 악의, 남의 불행 즐기기를 기반으로 대상 관계를 만들어내고 유지하는 행위가 복수이다. '증오에 빠지는 것'이다. —어윈 C. 로젠

- 엄마의 마음이 잠시 다른 곳으로 가버리면 아이들은 길을 잃어버렸다

고 느낀다. —안나 프로이트

- 여성은 남성을 허약하게 만들 것이 아니고 부드럽게 만들어야 한다.
—지크문트 프로이트

- 진정 평등주의적으로 된다는 것은 경쟁적 견해의 가치를 인식하는 것이다. —애덤 필립스

- 인간의 마음은 자신에게 공감적으로 반응하지 않는 심리적 환경에서 살아남을 수 없다. 산소가 없는 환경에서 몸이 살아남을 수 없는 것과 같다. —하인츠 코헛

4. 마음의 구조를 이해하고 싶을 때

- 소아분석을 처음 시작하는 분석가에게 흥미롭고 놀라운 경험 중 하나는 아주 어린아이들에서도 어른들에 비해 더 크게 깨달을 수 있는 능력이 있음을 발견하는 것이다. —멜라니 클라인

- 정신분석을 받는다고 병리적인 반응이 전혀 일어나지 않게 되지는 않는다. 분석 받는 사람의 자아가 선택의 폭을 넓히도록, 선택의 자유를 정신분석이 제공할 뿐이다. —지크문트 프로이트

- 정신분석이란 '좋은 사람' 또는 '편안한 사람'이 되는 방법을 가르쳐주는 것이 아니다. 세상을 보는 정신분석적 일반론을 교육하는 것도 아니다. 더욱 분명한 것은 충고, 위안, 권유, 금지도 아니라는 점이다.

—로이 쉐이퍼

- 권위는 권위주의와 구별할 필요가 있다. 정신분석가는 권위, 전문적 지식, 그리고 분석가로서 기능해야 하는 책임을 지니고 있다.

—레오 랑겔

- 더 이상 우리는 문화, 종교, 성별, 가족을 아우르는 정신분석 이론의 일반화가 가능하다고 확신할 수 없다. —애덤 필립스

- 음악가는 잡음으로, 시인은 깨진 언어로, 화가와 조각가는 시각적으로, 입체적으로 조각난 세계로, 그들 모두 해체된 자기(自己)를 그려낸다. 그리고 조각들을 재배치, 재조립해서 전체성, 완전함, 새로운 가치를 갖춘 구조가 다시 태어나도록 시도한다. —하인츠 코헛

- 다행히도 정신분석만이 마음의 갈등을 해소할 수 있는 유일한 방법은 아니다. 산다는 것 자체가 매우 효과적인 치료자이다. —카렌 호나이

부록

마음 공부를 하고 싶은 이들을 위한 안내서

① 숨겨진 나를 이해하는 첫 걸음

- **카우치에 누워서** | 어빈 얄롬 지음 | 이혜성 옮김 | 시그마프레스 |
- 《카우치에 누워서》는 정신과 의사가 환자를 치료하는 동안 의사의 머릿속에서 무슨 일이 벌어지고 있는지를 생생하고 날카롭게 그린 심리 교양 소설이다. 저자인 어빈 얄롬은 미국에서 가장 왕성하게 활동하는 실존분석파의 대가이면서 동시에 《니체가 눈물을 흘릴 때》《폴라와의 여행》 등 심리소설로 명성을 누린 베스트셀러 작가이기도 하다.

이 책에는 환자의 내면을 분석하고 마음의 치료를 돕는 정신과 의사, 정신과 의사의 마음을 꿰뚫어보고 사기를 치는 환자, 거짓 고백으로 의사를 시험하는 환자, 거짓 고백에도 불구하고 치료를 성공으로 이끄는 의사 등이 등장하여 흥미진진한 심리 게임을 펼쳐나간다.

얄롬은 환자가 거짓말을 할 경우에 벌어질 수 있는 갖가지 사건들을 치밀하게 엮어냈다. 정신과 의사와 환자의 속마음을 장악해가는 묘사의 생동감은 자신이 마치 카우치에 누워 있는 환자가 된 것 같은 착각에 빠지게 한다. 정신치료에 관심이 있는 사람이라면, 이 소설로 얼마간 준비운동을 한 뒤 정신분석의 바다에 뛰어들어도 늦지 않을 것이다.

• **당신의 그림자가 울고 있다** | 로버트 존슨 지음 | 고혜경 옮김 | 에코의 서재 |

• "내 안에 이런 면이 있다니!" 《당신의 그림자가 울고 있다》는 융 심리학 이론을 토대로 인간 내면에 숨어 있는 어두운 존재, 즉 그림자를 연구한 심리분석서이다. 그림자란 말하자면, 우리 내면의 불유쾌하고, 수치스럽고, 받아들일 수 없는 부분들이다.

이 책에 따르면 우리가 선천적으로 타고난 모습 중에서 사회가 수용하지 않는 부분은 그림자가 되는데, 이 그림자적 특질은 사라지지 않고 마음의 어두운 구석에 차곡차곡 쌓여간다. 이것이 집적되면 그림자만의 에너지를 갖게 되며, 너무 커질 경우 통제 불가능한 파괴적인 행동이 야기된다는 것이다. 우리 자신과 주변 사람들을 괴롭히는 불안, 게으름, 분노, 우울의 문제는 바로 이 그림자의 장난이라는 것이 이 책의 일관된 주장이다.

존슨 박사는 그림자가 생성되는 기작機作과 그 그림자를 감싸 안는 방법을 알기 쉽게 일러주면서, 그림자와의 대면을 통해서만이 인간은 완성된 삶에 이를 수 있다고 강조하였다. 만약 중년의 문턱에서 제2의 인생을 모색 중인 독자라면 그의 또 다른 저작《내 그림자에게 말 걸기》를 권한다.

● **카렌 호나이의 정신분석** | 카렌 호나이 지음 | 이희경 옮김 | 학지사 |

● 자식에 대한 헌신을 중요하게 생각하는 엄마가 아이의 생일을 잊는다? 결혼이 지상과제인 여자가 남자 만나길 꺼린다? 남에게 너그러운 사람이 자신에게는 무척 엄하다?《카렌 호나이의 정신분석》은 이렇게 앞뒤가 맞지 않는 분열 성격, 즉 신경증의 원인과 경향성, 그리고 치료법을 소개한 심리분석서이다.

이 책에 따르면, 나도 모르는 사이 내가 겪게 되는 극심한 마음의 갈등은 이른바 '근본적 불안basic anxiety'이란 것에서 비롯된 현상이다. 근본적 불안은 아이가 부모의 지나치게 넘치거나 모자란 사랑 때문에 느끼는 과도한 불안인데, 이때 아이는 어떻게든 불안을 해소하기 위해 나름의 반응 양식을 발전시킨다.

카렌 호나이는 이 신경증적 반응 양식을, 사람들에게로 향하는 것(순응형), 사람들에게 맞서는 것(대결형), 사람들을 피하는 것(회피형)의 세 가지로 분류했다. 순응형은 상대의 인정과 승인이 끊임없이 필요한 사람들로 자기주장을 내세우거나 상대를 비판하길 두려워한다. 대결

형은 자신의 욕구를 들어주지 않는 상대나 세상에 대항하는 유형으로 승부욕이 강하고 경쟁의 우위에 올라서는 것으로 불안을 해소한다. 마지막으로 회피형은 자신을 거절했던 양육자를 자신이 다시 거절했던 유형으로 늘 혼자 있고 싶어 하고 다른 사람과의 감정적인 결속을 회피한다.

우리는 누구나 이런 세 가지 성향을 다 가지고 있지만, 문제는 이런 것을 자유롭게 선택하지 못하고 강박을 느끼는 데 있다고 한다. 신경증에서 자유롭지 못한 현대인들이라면 저자의 다음과 같은 결론을 곱씹어볼 필요가 있다.

> "풀리지 않는 갈등으로 살아가는 삶은 인간의 에너지를 엄청나게 소모시킨다. 갈등 자체만으로도 그렇지만 갈등을 없애기 위해 온갖 비뚤어진 시도를 다 하기 때문이다. 어렸을 때 습득한 신경증적 경향은 이제 버려라. 그래야만 우리의 잠재력을 실현할 수 있다."
>
> —본문 중에서

2 무의식의 상처를 이해하기 위해

- **나르시시즘의 심리학** | 샌디 호치키스 지음 | 이세진 옮김 | 교양인 |
- 자기를 세상에서 가장 특별하고 우월한 사람이라고 생각하는 사

람들이 우리 주변에 꼭 하나씩 있다. 자기 자신밖에 보지 못하는 그들은 언제나 당당한 태도로 특별한 사랑과 복종, 숭배를 요구한다. 타인을 짓밟고 멸시하면서 자신의 자존감을 느끼는 그들에게 휘말리게 되면, 우리의 인생은 한없이 비참하고 고달파진다.

《나르시시즘의 심리학》은 저자 호치키스가 정신분석 이론을 토대로 현장에서 쌓은 풍부한 임상 경험을 기록해놓은 나르시시즘에 관한 심리서다. 저자는 건강하지 못한 나르시시즘의 징후로 '뻔뻔함으로 위장되는 수치심, 나와 남의 경계를 함부로 침범하는 이기심, 타인을 무조건 깎아내리는 오만함, 근거 없는 멸시로 나타나는 시기심, 현실을 왜곡하는 마법적 사고, 끝없는 착취, 제멋대로 자격 부여하기'의 일곱 가지 심리적 특징을 꼽고 있다. 이런 나르시시스트들에게 상처받지 않고 맞서기 위한 네 가지 전략을 책 말미에 제시하면서, 무엇보다 "싸우지 않는 부드러운 단호함"으로 대처할 것을 주문하고 있다.

- **우울한 현대인에게 주는 번즈 박사의 충고** | 데이비드 번즈 지음 | 박승용 옮김 | 문예출판사 |

"느낌(감정)은 사실이 아니다. 당신의 감정이 현실을 정확하게 반영하고 있는지 늘 점검하라."

—본문 중에서

• 《우울한 현대인에게 주는 번즈 박사의 충고》는 미국의 정신의학자들이 뽑은 최고의 자가우울 치료서로 300만 부 이상이나 팔린 베스트셀러다. 과거에는 우울증을 감정적 장애로 여겼지만, 번즈 박사를 비롯한 인지치료자들은 우울증이 왜곡된 자기 인식에서 생겨난다고 주장했다. 그들에 따르면, 자신에 대한 부정적 사고는 눈덩이 효과를 일으켜서, 우울증에 빠진 사람은 4D(패배한defeated, 모자란defected, 버림받은deserted, 불우한deprived)의 감정을 경험하고, 자신의 가치 없는 모습을 절대적 진실로 받아들이게 된다는 것이다.

그러므로 이런 왜곡된 자기인식에서 벗어날 때까지 자신의 생각을 계속 고쳐나가기만 하면 얼마든지 우울증에서 빠져나와 건강한 자존감을 회복할 수 있다고 보았다. 몇 가지 단순한 기분 향상법만으로도 우울증이 효과적으로 치유된다는 신념을 토대로 일상의 감정과 기분을 조절하는 방법들을 이 한 권에 집약시켜놓았다.

우울증 환자를 두 집단으로 나누어 한 집단만 한 달간 이 책을 읽혔는데, 책을 읽은 환자의 증세가 호전되었을 뿐만 아니라 우울증 증세가 아예 없어진 환자도 있었더라는 어느 연구 케이스를 참고하시길.

• **나를 창조하는 콤플렉스** | 베레나 카스트 지음 | 이수영 옮김 | 푸르메 |

• 한 인간의 정신세계에 미치는 아버지, 어머니의 영향력은 어느 정도일까? 《나를 창조하는 콤플렉스》는 콤플렉스 중에서도 부모로부터

대물림되는 콤플렉스를 여덟 가지 유형으로 나누어 분석한 심리서이다. 아버지, 어머니에 대한 긍정적, 부정적 콤플렉스를 동화나 사례를 통해 아주 쉽게 설명하고 있어 여덟 개의 얼개가 마치 하나의 공식처럼 읽힌다.

한 사람의 정체성에는 단 하나의 콤플렉스가 아니라 여러 유형의 콤플렉스가 상호작용을 하고 있기 때문에 한 인간을 이해할 때는 다중적이고 통합적인 사고가 필요하다는 사실도 더불어 일깨워주는 책이다. 세계적인 분석심리학자인 베레나 카스트는 특히 가부장적 학문인 정신분석에서 간과되어왔던 여성의 자리를 되살리며, 어머니 콤플렉스에 대한 상세한 분석을 통해 여성의 위치를 새롭게 확립하였다.

③ 타인과의 관계에서 상처 받은 이들을 위해

- **따귀 맞은 영혼** | 배르벨 바르데츠키 지음 | 장현숙 옮김 | 궁리 |

따귀 맞아 부어오른 내 영혼은 누가 위로해줄까? 《따귀 맞은 영혼》은 우리가 일상생활에서 수시로 입게 되는 '마음의 상처' 즉 '마음 상함'의 원인을 밝혀내고 그 상처에서 벗어나는 방법을 제시한다. 저자에 따르면 마음을 상처입히는 계기는 여러 가지다. 모든 것을 자기와 관련된 것으로 받아들이기, 남이 나에게 해를 입히려고 믿는 투사

投射, 타인의 확신을 자기 것으로 받아들이는 내사內射 등이 그것이다. 이런 상처가 해결되지 않으면 흔적으로 남아 문제를 다시 일으킨다.

이 책은 게슈탈트 심리학적인 접근을 통해 우리 내면의 상처와 마주보게 한다. 게슈탈트 심리 치료Gestalt therapy란 내담자로 하여금 자신이 의식하지 못하는 그늘 속에 존재하던 감정이나 욕구를 대면하게 해주는 방법을 말한다. 상처와 직접 대면하는 연습을 통해서 사람들은 다른 시각으로 사물을 볼 수 있게 된다고 말한다. 이 책은 발달심리학, 종교학, 정신분석학 등에서 빌려온 통찰력을 바탕으로 마음 상함을 고백하고, 관계를 끊기보다는 유지하고, 자기 자신을 존중하는 법을 배우라고 충고한다.

- **뜨겁게 사랑하거나 쿨하게 떠나거나** | 미라 커센바움 지음 | 장은재 옮김 | 라의눈 |

이 책은 머물자니 너무 고통스럽고 떠나려니 미련이 남아 이러지도 저러지도 못하는 사람들을 위한 조언서이다. 연인이나 부부를 겨냥한 책이기는 하지만, 우리가 살아가면서 맺는 모든 어정쩡한 관계들에 대해 우리가 취해야 할 태도가 무엇인지를 우회적으로 지적해주는 책이기도 하다.

저자는 지속도 청산도 아닌 모순감정에 머문다면 행복할 기회를 놓치는 것이나 다름없다고 단언한다. 관계를 지속해야 한다면 의구심에서 재빨리 빠져나와 사랑을 회복하고, 떠나야 한다면 주저 없이 더 나은 행복을 찾아 떠나라는 것이 저자의 한결같은 주장이다.

이 책은 부부 관계 혹은 연인 관계 등 우리가 지금 얽매여 있는 관계가 쿨하게 헤어져야 하는 관계인지, 뜨겁게 사랑해야 하는 관계인지 36단계의 심리 진단을 통해 검토한다. 우리와 같은 상황에 빠졌다가 벗어난 사람들의 솔직한 이야기 등을 풍부하게 담아 우리가 자신의 관계를 스스로 분석하고 진단하고 치료하는 방법을 가르쳐준다.

• **사람은 왜 만족을 모르는가** | 로리 애슈너, 미치 메이어슨 지음 | 조영희 옮김 | 에코의 서재 |

• 《사람은 왜 만족을 모르는가》는 원하는 것을 가져도 늘 부족한 사람들의 심리를 분석한 책이다. 세상에는 수없이 많은 실패와 갈등을 겪고도 만족하는 사람들이 있는가 하면 원하는 것을 이루고도 좌절감을 호소하는 사람들이 있다.

두 저자가 분석한 만성 불만족의 요인은 크게 일곱 가지로 요약되는데, 사람들의 목표 앞에서 주저앉는 자포자기 우울증, 상대의 결점을 참지 못하는 완벽주의, 희생양 콤플렉스, 남을 믿지 못하는 강박적 자기의존증, 기쁠 때 찾아오는 기분저하증, 일상을 지배하는 지루함과 불안증, 비교 콤플렉스가 그것이다. 결국 만족감이란 성취나 소유의 문제가 아니라는 것이 그들이 찾은 결론이다. 성공을 해도 기쁨을 느끼지 못하고 자신이 이뤄낸 것이 전부 가짜가 아닐까 불안에 떠는 영혼들에게 약이 되는 책이다.

❹ 성숙한 무의식을 만들기 위한 가이드

- **참 자기** | 제임스 매스터슨 지음 | 임혜련 옮김 | 한국심리치료연구소 |

"거짓 자기가 명령을 내리면 우리는 자신의 가치를 합당하게 평가하지 못한다. 우리의 재능과 기술을 과소평가하고 내면의 공허감에 압도되어 손쉽게 차선책을 받아들인다. 이 공허감을 의미 있는 활동이나 관계로 채우기에는 자신이 너무 무력하다고 느끼기 때문이다. 이런 사람들에게 인생은 공허하고 무의미할 뿐이다. 그들에게는 책임져야 할 시간이 너무나 많다. 하루하루 시간은 따분하게 지속되고, 그들의 삶은 목표를 잃고 방황한다."

—본문 중에서

- 《참 자기》는 한 인간이 진정한 자기를 발현시키며 성장하는 과정에 대해 고찰한 책이다. 이 책에 따르면 성장 과정에서 트라우마를 입게 되면 아기는 거짓되거나 확장되거나 위축된 자기를 갖게 되는데, 진정한 성장과 자기실현을 이루기 위해서는 거짓되거나 위축된 자기를 벗고 '참 자기'를 발현시켜야 한다. 매스터슨은 참 자기의 기능을 열 가지로 제시하고 있는데, 활기 있고 기쁘게 자발적으로 다양한 감정을 깊이 있게 체험하는 능력, 자기를 활성화하고 자기주장을 할 수 있는 능력, 고통스러운 감정을 진정시키고 슬픔을 애도하는 능력, 인생에서 전념할 만한 일을 정해 매진하는 능력 등이 그

것이다. '거짓 자기'로 인해 마음의 병을 앓고 있는 사람들의 치유 사례가 풍부하게 녹아 있는 이 책은 자신의 취약성에 관해서, 그리고 이분법을 넘어선 관계 맺음에 대해서 폭넓은 이해를 얻기 원하는 사람이라면 반드시 거쳐야 할 필독서다.

- **아직도 가야 할 길** | M. 스캇 펙 지음 | 최미양 옮김 | 율리시즈 |

"일단 '삶은 힘겹다'는 진실을 인정하고 나면 현실에서 부딪히는 문제들이 더 이상 그렇게 중요하지 않게 된다. 일단 책임져야 한다는 사실을 받아들이고 나면 전보다 훨씬 더 나은 선택을 할 수 있다."

—본문 중에서

- 《아직도 가야 할 길》은 사람, 전통적 가치, 그리고 영적 성장에 관한 새로운 심리학을 전개하며 현대인들의 영적 방황에 길잡이를 제시한 책이다. 1970년 중반에 저술된 이 책은 1983년이 되어서야 《뉴욕타임스》 베스트셀러에 올랐고, 그 후 최장수 베스트셀러 자리를 차지하여 기네스북에도 올랐다. '삶은 힘겹다'는 유명한 문구로 시작되는 이 책은 낙관적 미래와 무한한 행복을 약속하는 자기 계발서들과는 대조적으로 로맨틱한 허상, 인간의 사악함, 정신병, 저자의 정신적 위기와 같은 우울한 주제들로 가득 채워져 있다.

저자는 완전한 '극기'와 '자기 절제'만이 모든 문제를 해결할 것이며, 만족을 늦추는 능력을 가진 사람이야말로 고통스러운 경험과 신경증을 피할 수 있을 만큼 심리적으로 성숙한 사람이라고 말한다.

그러나 진정한 인간의 모습을 설명하는 이야기들로 가득한 이 책은 영혼의 성숙을 향해 먼 길을 떠나는 사람들이 막상 얼마나 적은지도 동시에 보여준다. "왜 귀찮게 어려운 길을 가야 하지?"라고 묻는 사람들이라면 이 책의 주인이 되기 어렵다. 하지만 깨달음이나 온전한 정신적 건강을 위한 쉬운 길은 없으며, 헌신과 책임이 자기실현의 밑거름이라고 믿는 독자라면 스캇 펙 박사와 같은 자장 위에 서 있는 사람이다.

- **사람이 날아다니고 물이 거꾸로 흐르는 곳** | 제레미 테일러 지음 | 이정규 옮김 | 동연 |

- 《사람이 날아다니고 물이 거꾸로 흐르는 곳》은 꿈을 통해 무의식의 지혜를 탐색하는 책이다. 일찍이 탈무드에서는 꿈을 "신이 보내준 연애편지"라 하여 그 속에 담긴 의미를 신성하게 여겼고, 융은 꿈을 우주의 지성체가 보내주는 지혜의 메시지라고 요약했다. 꿈 분석의 세계 최고 권위자로 꼽히는 저자는 꿈이 환상적인 무의식 영역으로의 여행일 뿐만 아니라, 과거의 나와 지금의 내가 가진 문제를 이해하는 데에도 결정적인 힌트가 된다고 주장한다.

꿈의 암시로 암을 발견해 목숨을 건진 여인이나, 작은 꿈의 편린으로 운명이 바뀐 신학생 등 꿈을 통해 자신에 대해 새로운 통찰을 얻고 삶을 변화시킨 사람들의 이야기가 읽는 재미를 더한다. 나아가 꿈 부화법(비타민 B가 꿈 기억률을 높인다는 사실!), 꿈 다이어리 사용법, 꿈 해석의 기본 원칙, 꿈의 보편적 상징을 이해하는 방법 등 어떻게 하면 꿈을 통해 가장 풍성한 수확을 얻을 수 있을지에 대한 구체적이고도 실용적인 방법들을 제시하고 있다. 꿈 얘길 하면 개꿈이라고 무시하거나, 평생 꿈이란 걸 꿔본 적이 없다고 말하는 사람들에게 새로운 경지를 열어줄 책이다.

프로이트의 의자

초판 1쇄 발행 2009년 10월 5일
개정 1판 1쇄 발행 2016년 11월 15일
개정 2판 1쇄 발행 2020년 2월 5일
개정 3판 3쇄 발행 2024년 7월 1일

지은이 | 정도언
펴낸이 | 김보경
편집개발 | 김지혜 하주현
표지 그림 | 백두리
디자인 | 이석운
기획마케팅 | 박소영 송성준
영업 | 권순민
제작 | 한동수

펴낸곳 | 지와인
출판신고 | 2018년 10월 11일 제2018-000280호
주소 | (04015) 서울특별시 마포구 양화로 1길 29 2층
전화 | 02)6408-9979 팩스 | 02)6488-9992 이메일 | books@jiwain.co.kr

ISBN 979-11-91521-26-9 03180